Mi agenda y yo

Mi agenda y yo
Repensando nuestra relación con el tiempo

Santiago Álvarez de Mon

Primera edición en esta colección: febrero de 2017
Décima edición: noviembre de 2025

© Santiago Álvarez de Mon, 2017
© del prólogo, Valentín Fuster, 2017
© de la presente edición: Plataforma Editorial, 2017

Plataforma Editorial
c/ Muntaner, 269, entlo. 1ª – 08021 Barcelona
Tel.: (+34) 93 494 79 99 – Fax: (+34) 93 419 23 14
www.plataformaeditorial.com
info@plataformaeditorial.com

Depósito legal: B. 25.084-2016
ISBN: 978-84-16820-77-1
IBIC: VS

Printed in Spain – Impreso en España

Realización de cubierta y fotocomposición:
Grafime

El papel que se ha utilizado para imprimir este libro proviene
de explotaciones forestales controladas, donde se respetan
los valores ecológicos, sociales y el desarrollo sostenible del bosque.

Impresión:
QP Print

Reservados todos los derechos. Quedan rigurosamente prohibidas,
sin la autorización escrita de los titulares del *copyright*, bajo las sanciones establecidas
en las leyes, la reproducción total o parcial de esta obra por cualquier medio o procedimiento,
comprendidos la reprografía y el tratamiento informático, y la distribución de ejemplares
de ella mediante alquiler o préstamo públicos. Si necesita fotocopiar o reproducir
algún fragmento de esta obra, diríjase al editor o a CEDRO (www.cedro.org).

Índice

Agradecimientos 9
Prólogo de Valentín Fuster 13
Introducción. 17

1. Sesión fotográfica 51
2. Fijando las prioridades 65
3. Aligerando la mochila 77
4. Protegiendo lo importante 95
5. El ocio, espejo incisivo 111
6. La agenda mental 135
7. Un pequeño entre gigantes 163

Epílogo 179

Agradecimientos

Gracias al IESE, mi escuela desde hace 28 años. Si mi agenda y el uso que hago de mi tiempo profesional tiene margen de mejora, es mi estricta responsabilidad personal. La apuesta institucional por la autonomía y la libertad individuales, por el sentido de la propiedad de lo que hacemos, es una de sus inequívocas señas de identidad.

Gracias al conjunto de alumnos, amigos clientes, compañeros –profesionales procedentes de distintos ámbitos de la vida–, que me han honrado con su confianza, haciéndome partícipe de sus ilusiones, dudas, retos, problemas, conflictos, sueños. Este libro no se entiende sin los encuentros y conversaciones mantenidas con ellos en un clima de respeto, complicidad y empatía.

Gracias a Francisco García, transcriptor riguroso del texto original, y primer crítico sincero y constructivo del argumento propuesto. Su profesionalidad y señorío me han acompañado durante las semanas que trabajamos juntos.

Gracias a Jordi Nadal, mi editor, por su reiterada confianza y apoyo. Es mi tercer libro con él, y he vuelto a tener un interlocutor honesto, cercano, optimista, culto, sensible. Su compromiso por el libro, por la cultura, por la reflexión, en el contexto de una sociedad apresurada y ruidosa, es innegociable.

Gracias a mi secretaria, Teresa Solano, por estar ahí, en la sombra, siempre dispuesta a echar un cable. Persona clave en la organización de mi agenda, merece una mención especial.

Gracias al doctor Valentín Fuster, que ha tenido la amabilidad de aceptar mi invitación a prologar este libro. Hombre polifacético –cirujano eminente, investigador en la última frontera del saber científico, director del Departamento de Cardiología en el Hospital Monte Sinaí, Nueva York, escritor prolífico, ciudadano cosmopolita–, deportista *amateur*, la investigación que he llevado a cabo para un caso del IESE me ha permitido conocer a la persona que se esconde debajo de personaje tan ilustre. Como todos los grandes, es un hombre sencillo, asequible, humilde, generoso, siempre en permanente proceso de renovación y aprendizaje personal. Uno de los secretos de personalidad tan rica y plural estriba en el uso de su agenda personal. Donde hay disciplina y flexibilidad horarias añade una singular concentración mental. Por eso tiene la autoridad intelectual y moral para prologar un libro que versa sobre el tiempo humano.

Gracias a mi madre, 91 años la contemplan. Mi primera maestra en el esfuerzo, en la puntualidad, en la disciplina, en la tenacidad, rutinas y valores imprescindibles para aspirar a las regiones más sublimes del ser humano.

Gracias a mis cinco hijos, conocedores profundos de la distribución de mi tiempo. Entre viajes, artículos, clases, li-

Agradecimientos

bros, reuniones, entrevistas de trabajo, ellos ocupan un lugar preferente en mi agenda y en mi corazón. Jóvenes, todo un futuro por delante, confío que aprendan a saborear cada minuto de la aventura de vivir.

Por último, gracias mi mujer, Cristina. Nuestra familia ocupa el centro de su vida. Con cariño, alegría, paciencia y espíritu de servicio, nos regala lo mejor de su tiempo. Su agenda es la más flexible, sacrificada y generosa de todas, se estira como un chicle intentado llegar a todos los frentes. En su compañía conciliar ocio y negocio, carrera profesional y desarrollo personal, trabajo y descanso, deber y placer, razón y corazón, es un estado de equilibrio y armonía que fluye con naturalidad.

Prólogo

A las cinco de la mañana, hora de Nueva York, mi asistente Yolanda en Madrid me recuerda por teléfono: «Debe enviar el prólogo para Santiago Álvarez de Mon, que bien él merece, es muy discreto, no quiere abusar de usted, por favor, haga este esfuerzo». Mi problema se asemeja al título de su nuevo libro, *Mi agenda y yo*. Tenía algo más de seis horas para leer el libro durante mi viaje nocturno semanal a Madrid. A mi llegada tenía una agenda imposible, con doce reuniones en ocho horas, y por la tarde debía regresar a Nueva York, tal vez el único tiempo disponible para escribir el prólogo del libro digerido durante la noche anterior. Deben pensar que disponer de tan poco tiempo y sin dormir son características de una persona absolutamente loca o desquiciada. Les daré la clave: motivación. Motivado por una persona que desde el primer día que la conocí me impresionó enormemente y con la que me sentí identificado. Con la gasolina en el motor, no me ha sido difícil encontrar unas pocas horas para leer su libro y escribir estas palabras. Especifiquemos:

Mi agenda y yo

1) Santiago Álvarez de Mon es un hombre que respira humanidad, sentimiento, cercanía y sencillez. Su fórmula, patente en este apasionante libro, lleno de experiencias personales, me recuerda a la fórmula que ha dictado parte de mi vida: las cuatro T y las cuatro A. Cuatro tareas de maduración personal nos ayudan a sentar los cimientos necesarios para poder conseguir motivación. Son las cuatro T de maduración: Tiempo para reflexionar, Talento por descubrir, Transmitir optimismo y la Tutoría de otros. Y cuatro acciones que nos acercan a la sociedad permitiendo contribuir a ella. Son las cuatro A: Aceptación de quienes somos, Auténtico en tiempo y lugar, Actitud positiva y Altruismo. Me siento identificado con Santiago en las ocho tareas o acciones de maduración y de compromiso con la sociedad.

2) Leyendo página tras página y experiencia tras experiencia, no pueden pasar desapercibidas las personas que han representado un parecido ejemplo para Santiago y para mí. Pau Gasol, por el que siento un gran respeto y una profunda amistad; basta una conversación telefónica de vez en cuando o una cena dos o tres veces al año para que nos sintamos profundamente cercanos. Experimento lo mismo con Santiago.

López Otín, uno de los investigadores españoles más admirados internacionalmente, a quien ofrecí una posición envidiable en el Centro Nacional de Investigaciones Cardiovasculares, pero que no aceptó porque su primera responsabilidad estaba centrada en Oviedo, en sus discípulos, en su familia.

Prólogo

Un ejemplo de humildad y generosidad. Paul Kalanithi, el extraordinario neurocirujano de Stanford, que conocí a través de mi amistad con sus padres y que falleció a la edad de 36 años por un cáncer de pulmón. Su libro escrito antes de morir, *When Breath Becomes Air*, *best seller* en la lista del *New York Times*, es un ejemplo palpable de uno de los aspectos más importantes que Santiago expresa en su libro *Mi agenda y yo*. Me refiero a las emocionantes últimas palabras de Paul dedicadas a su hija Cady, que recoge: «Cuando te enfrentes a uno de los muchos momentos en la vida en el que debas explicar quién eres, proporcionar una relación de lo que has sido, lo que has hecho y lo que has significado para el mundo, te recuerdo que no olvides que llenaste los días de un hombre moribundo con una alegría inconmensurable, una alegría que me era desconocida en todos mis años anteriores, una alegría que no ansía cada vez más, sino que descansa satisfecha. En este momento, precisamente ahora esto es un hecho enorme.» En otras palabras, cuando el tiempo nos comprime, afloran los aspectos más importantes de nuestra vida.

3) No, no creo que esté loco, a pesar de las 24 horas sin dormir de las cuales una parte he dedicado a la lectura de *Mi agenda y yo* y a la redacción de este sencillo prólogo. Una base importante de nuestras vidas debe ser la generosidad, o el altruismo, como decíamos, el dar más que el recibir. Sobre todo, cuando el mundo que nos rodea ha sido generoso con nosotros y esto es lo que Santiago Álvarez de Mon ejemplifica. Por tanto, qué tarea tan fácil es escribir unas palabras

Mi agenda y yo

de felicitación y admiración por su persona y por su nuevo libro que recomendaré a todos mis amigos. No, no es una locura, como diría Santiago, el tiempo se encuentra cuando hay algo importante.

VALENTÍN FUSTER
Director general del Centro Nacional de Investigaciones Cardiovasculares Carlos III (CNIC) de Madrid; director del Instituto Cardiovascular y *physician-in-chief* del Mount Sinai Medical Center de Nueva York

Introducción

«He contado mis años y he descubierto que tengo menos tiempo para vivir de aquí en adelante, que el que he vivido hasta ahora…

Me siento como aquel niño al que regalan una bolsa de caramelos: los primeros se los come feliz, pero, cuando se percata de que quedan pocos, comienza a saborearlos profundamente.

Ya no tengo tiempo para reuniones interminables, en las que se discuten estatutos, normas, procedimientos y reglamentos internos, sabiendo que no se conseguirá nada.

Ya no tengo tiempo para soportar personas absurdas que, a pesar de su edad cronológica, no han crecido.

Ya no tengo tiempo para perderlo con mediocridades. No quiero estar en reuniones donde desfilan "egos" inflados.

Mi agenda y yo

No tolero a los manipuladores ni a los aprovechados.
Me molestan los envidiosos, que tratan de desacreditar a los más capaces, para apropiarse de sus puestos, sus talentos y sus éxitos.
Detesto, si soy testigo, los efectos que genera la lucha por un cargo importante.
Las personas no discuten contenidos, apenas los títulos, si acaso...
Mi tiempo es escaso como para discutir títulos.

Quiero la esencia, mi alma tiene prisa...

Con pocos caramelos en la bolsa...
Quiero vivir al lado de gente humana, muy humana.
Que no se vanaglorie con sus triunfos.
Que no se considere elegida antes de tiempo.
Que no eluda sus responsabilidades.
Que defienda la dignidad humana.
Y que desee únicamente caminar al lado de la verdad y de la honradez.
Lo esencial es lo que hace que la vida valga la pena vivirla.
Quiero rodearme de gente que sepa tocar el corazón de las personas...
Gente a quien los duros golpes de la vida le han enseñado a crecer con suaves caricias a su alma.
Sí..., tengo prisa... para vivir con la intensidad que nada más que la madurez puede dar.

Introducción

Pretendo no malemplear ni tan solo uno de los caramelos que me quedan.

Estoy seguro de que serán más exquisitos que los que me he comido hasta ahora.

Mi meta es llegar al final satisfecho y en paz con mis seres estimados, y con mi conciencia.

Deseo que la tuya sea la misma, porque, de cualquier manera, también llegarás...»

MARIO DE ANDRADE

En *La conquista de la felicidad* Bertrand Russell comparte con el lector una evidencia indiscutible: «El descubrimiento de que una pregunta carece de respuesta es una respuesta tan completa como cualquier otra».[1] El mero hecho de preguntar, independientemente de que encontremos o no una respuesta que sacie nuestra curiosidad, tiene un valor *per se*. Denota humildad, afán de aprender, apertura mental, respeto por la opinión del otro y un largo etcétera. No hay conversación inteligente sin preguntas inteligentes y oportunas, y estas son a veces tan incisivas y delicadas que no encuentran una respuesta válida. El reconocimiento de nuestra ignorancia no invalida ni la pregunta ni la respuesta, al contrario, prestigia y legitima ambas.

---

1. Russell, Bertrand. *La conquista de la felicidad*. Madrid: Espasa Calpe, 1991.

Mi agenda y yo

El filósofo español Pedro Laín Entralgo, en su obra *Crecer, esperar, amar*, coincide con distintas palabras con Russell: «Para el hombre en cuanto tal, no solo para el científico y el filósofo, hay preguntas penúltimas, aquellas a las que la ciencia y la razón pueden dar respuesta, y preguntas últimas, aquellas en que simultáneamente se manifiestan el límite y la ambición de la inteligencia humana».[2] Las preguntas últimas a las que se refiere el profesor Laín, aquellas que requieren no solo de la ciencia y la razón, sino también de la intuición, la imaginación, la fe y el mundo del espíritu, por su propia naturaleza están condenadas a no obtener una contestación total. Y, sin embargo, en la perplejidad e incluso en la impotencia que despiertan, se reivindican a sí mismas.

Entender las claves de la existencia humana, penetrar en el misterio de cada biografía, única e irrepetible, encontrar el sentido de una vida bien aprovechada, es una tarea hercúlea y diaria que exige el dominio del arte de plantear cuestiones cuya vocación final es quedar parcialmente incontestadas. Quién soy es una de esas preguntas últimas. Si la formulo en primera persona del singular –Montaigne, jugueteando con la misma inquietud, distingue «entre interrogarse quién soy yo y qué es el hombre»[3]–, constato enseguida su enjundia y profundidad.

---

2. Laín Entralgo, Pedro. *Crecer, esperar, amar*. Barcelona: Círculo de Lectores-Galaxia Gutenberg, 1993.
3. Montaigne, Michel de. *Ensayos I*. Madrid: Cátedra, 1992.

Introducción

Si me aplico el comprometido interrogante de Montaigne, entre otras identidades soy profesor del IESE, ciudadano español y europeo, marido de Cristina, padre de cinco hijos, asesor personal de profesionales de distintos ámbitos de la vida –empresarios, directivos, deportistas, científicos, profesionales liberales...–, abuelo de dos nietos, miembro de una familia de nueve hermanos que todavía se agarra al tronco noble de una madre de 91 años, escritor, lector, amigo de mis amigos, aficionado al deporte, cristiano, etcétera. Moviéndome en un rango que va de lo profesional a las parcelas más íntimas de mi vida, cada una de esas dimensiones ciertamente me define y, sin embargo, ni todas juntas aciertan a completar el puzle planteado.

Intentando bucear en el descubrimiento gradual de nuestra identidad plural, puede resultar de utilidad empezar con los descartes, pensar en modo negativo. No sé quién soy, pero al menos tengo claro quién no soy, quién no quiero ser. No deberíamos mezclar la esencia de nuestra persona con la superficie de esta, contenido con continente. En *Las siete leyes espirituales del éxito*, Deepak Chopra advierte sobre la capacidad de seducción del ego. Sería «nuestra propia imagen, la máscara social que nos ponemos, el papel que desempeñamos» en el complicado teatro de la vida.[4]

Michel de Montaigne –ciudadano del Renacimiento, alcalde de Burdeos, ensayista precoz y descomunal, hombre polifacético– despliega por el escenario su deslumbrante ca-

---

4. Chopra, Deepak. *Las siete leyes espirituales del éxito*. Madrid: Edaf, 2011.

Mi agenda y yo

pacidad artística para lanzar mensajes en un tono constructivo e irónico: «La mayoría de nuestras ocupaciones son comedia. Hemos de representar debidamente nuestro papel, mas como el papel de un personaje de prestado. De la máscara y la apariencia no hemos de hacer una esencia real, ni de lo ajeno ni de lo propio. No sabemos distinguir la piel de la camisa».[5] Distinción escurridiza y sutil, si no tenemos clara la diferencia entre nuestro yo adulto –profundo, misterioso, libre, honesto, independiente, inteligente, humilde, solidario...– y nuestro ego infantil –caprichoso, voluble, superficial, narcisista, manipulable, codicioso, insaciable...–, aunque hayamos dejado la adolescencia hace tiempo, podemos quedar fácilmente atrapados en las tupidas telarañas de este último. Especialmente atractivas para personajes con enorme proyección pública –deportistas de élite, artistas famosos, políticos aferrados al poder, empresarios millonarios...–, sería ingenuo pensar que solo ellos caen en sus trampas y embrujos. En mayor o menor medida todos paseamos un ego que tenemos que aprender a reconocer y domar, una empresa para toda la vida.

Ryan Holiday ha escrito un libro interesante consagrado íntegramente al poder del ego, cuyo título ya lo dice todo: *Ego is the enemy*. En la búsqueda de respuestas para saber quién soy, qué quiero hacer, por qué estamos aquí, cuál es la razón última de mi existencia, etcétera, el ego se interpone en nuestro camino, haciendo la marcha mucho más fa-

---

5. Montaigne, Michel de. *Op. cit.*

Introducción

tigosa, con riesgo de perdernos irremediablemente. El ego sería «una creencia insana en nuestra propia importancia. Arrogancia, ambición desmedida centrada en uno mismo. Es el niño petulante escondido en cada persona. Es un sentimiento de superioridad y certeza que excede los límites de la confianza y el talento».[6] Curiosamente, esa aparente sensación de superioridad es el anverso de su secreto mejor guardado, la intrínseca y reprimida inseguridad personal de nuestro ego.

En *La libertad interior*, en perfecta armonía con el nombre y propósito de su libro, Jean Philippe se adentra decidido en los territorios pantanosos del ego. «Nos fabricamos un ego, diferente del auténtico ser, de modo similar a como se infla un globo. Este yo artificial posee ciertas características propias: por ser artificial, requiere un gran gasto de energía para sostenerse; y como es frágil, necesita ser defendido. El orgullo y la dureza siempre van unidos.»[7] Personaje postizo y falso, es lógico que el egocéntrico camino emprendido derive en estrés y agotamiento. A la defensiva, todo se lo toma a la tremenda. Bromas sobre él, las justas. En ocasiones se necesita la presencia del dolor, test terapéutico, para que se vaya disolviendo como un azucarillo. De todo esto sabe mucho C. S. Lewis. Profesor, escritor renombrado, hombre de indiscutible éxito, la pérdida de su mujer norteamericana, bastante más joven que él, le precipitó en una

---

6. Holiday, Ryan. *Ego is the enemy*. Nueva York: Portfolio Penguin, 2016.
7. Philippe, Jean. *La libertad interior*. Madrid: Patmos, 2005.

prueba difícil. Parte de esa difícil etapa vital está recogida en *Una pena en observación*, su trabajo más intimista y cercano: «Con un equipo de cinco sentidos, una inteligencia incurablemente abstracta, una memoria que selecciona al azar, una serie de prejuicios y asunciones tan numerosas que nunca logro examinar más que una pequeña parte si es que llego a ser consciente de ella; ¿qué porcentaje de realidad total puede llegar a ser penetrado?».[8]

La muerte de su mujer es un antes y un después. Despierto, sacudido por el sufrimiento, plenamente consciente de la brecha que se puede abrir entre su realidad, fragmentada y parcial, y la Realidad, afronta sin miedo preguntas que evidentemente no proceden de su ego. «¿Por qué le doy cabida en mi mente a tanta basura y bagatela? ¿Acaso espero que, disfrazando de pensamiento a mi sentir, voy a sentir menos intensamente? ¿No son todas estas notas las contorsiones sin sentido de un hombre incapaz de aceptar que lo único que podemos hacer con el sufrimiento es aguantarlo?»[9] Intelectual acostumbrado a moverse con soltura entre conceptos, ideas, teorías y la parte lógica y racional de su cerebro, se ve abruptamente empujado a nadar entre sentimientos y emociones que amenazan con anegar su estabilidad. «Sentimientos, sentimientos, sentimientos. Vamos a ver si en vez de tanto sentir puedo pensar un poco.»[10]

---

8. Lewis, C. S. *Una pena en observación*. Barcelona: Anagrama, 2004.
9. Ibídem.
10. Ibídem.

Introducción

Territorio familiar, conocido, se siente más cómodo entre pensamientos que entre sentimientos, cuando ambos son las dos caras de la misma moneda vital. Fuera de su zona de confort, a través de las páginas de *Una pena en observación*, C. S. Lewis bucea en los rincones y abismos de su yo más auténtico, trascendiendo los hábitos y seguridades de su aclamado yo como pensador y experto cronista del devenir humano.

Si uno quiere avanzar con paciencia y constancia en el conocimiento de nuestro yo más personal, Hugh Prather es otra compañía inestimable. En *Palabras a mí mismo* sostiene una lúcida, serena, realista y esperanzada conversación interior. «En muchos sentidos la vida es el proceso de limpiar los cristales hasta que finalmente vemos con el entendimiento lo que antes percibíamos solo con el instinto infantil. La madurez no es querer otra cosa que lo que vemos a través de la pureza de corazón.»[11] Contrario a lo que tendemos a pensar como hombres de acción, el proceso de crecer, aprender, madurar, tiene mucho que ver con eliminar, limpiar esos cristales mentales que nos impiden ver la carretera, observar el paisaje y disfrutar el viaje. Adherido fuertemente a la superficie, no es fácil desprenderse de un ego que necesita ser protagonista, el centro de atención. Alertados de su embrujo, centrarse en el camino es la mejor manera de conquistar metas que hoy ni barruntamos.

---

11. Prather, Hugh. *Palabras a mí mismo*. Barcelona: RBA Integral, 2005.

Mi agenda y yo

«Todo lo que deseo y necesito hacer es ser fiel a mi propio ritmo. Hoy trabajaré escuchando el ritmo de mi ser.»[12] Fidelidad a uno mismo, sinceridad, humildad, sentido del humor, encontrar nuestra cadencia y dirección, es el único modo de desarmar a un ego pegajoso e inestable y apostar por nuestra mejor versión personal. Merece la pena buscar nuestra particular e intransferible verdad, que no debemos confundir con la Verdad. Recuerde a Machado: «¿Tu verdad?, no, la Verdad, y ven conmigo a buscarla; la tuya, guárdatela».[13]

En esa marcha maratoniana hacia la verdad de uno mismo se necesitan pistas para no extraviarse por una ruta que a veces se torna angosta y resbaladiza. El dinero es una de ellas. Indicio fiable, sólido, rico en matices, merece la pena seguirlo. Nuestra relación con él protege y oculta ángulos inéditos de nuestro verdadero rostro. Esa es la tesis de trabajo que propone el filósofo norteamericano Jacob Needleman en *Money and the meaning of life*: «Debemos usar el dinero para estudiar cómo somos y cómo podríamos llegar a ser».[14] Indicador objetivo y realista, si queremos acceder a un nivel diferencial de conciencia y libertad, no podemos desperdiciar la ingente y valiosa información que atesora sobre nosotros. Cómo lo gano, en qué lo gasto o invierto, qué importancia le doy, qué asociación establezco con otras

---

12. Ibídem.
13. Machado, Antonio. *Poesías completas*. Madrid: Espasa-Calpe, 1985.
14. Needleman, Jacob. *Money and the meaning of life*. Nueva York: Doubleday Business, 1994.

Introducción

variables identitarias –estatus, jerarquía, visibilidad, poder, prestigio...– son señuelos por descifrar en una exploración interior honesta.

Recuerdo una conversación de hace años con un directivo de una multinacional. Profesional competente, preparado, comprometido con el desarrollo de sus subordinados, gozaba de la confianza y el respeto de su jefe. Casado, dos hijos, disfrutaba de una holgada posición económica. En su reflexión personal sobre el desarrollo de su carrera profesional amagaba con frecuencia con emprender un proyecto propio. Espíritu optimista, aventurero, independiente, me consta que no iba de farol. No obstante su motivación para fundar y trabajar en algo suyo, en el momento de la verdad reculaba y aceptaba las mejoras ofrecidas por la empresa: sueldo, participación accionarial, retribución en especie... No se trataba de una negociación a cara de perro, dura y rentable, en modo alguno. Era como si cuando estaba a punto de dar el paso se quedara paralizado, prisionero de sus dudas y miedos. Poderoso caballero don Dinero era la causa primigenia de esa indecisión patológica. Un día, al calor de una comida regada con un buen vino, se dio de bruces con la verdad. Emocionado, recorrió pasajes de su infancia, y el desahucio de su padre y todo lo que acompañó esa dolorosa experiencia ocupó el núcleo central de nuestro diálogo. Cuando nos levantamos se sentía mucho mejor, liberado, se había enfrentado a sus demonios, verbalizando una traicionera relación personal con el dinero. ¿Se ha emancipado totalmente de su poder? ¿Pasa olímpicamente de sus guiños y embrujos? Todavía no, alguna influencia ejerce, pero desde que esta afloró, se siente más libre y confiado. De hecho, acabó montando su propio negocio, fuente fresca de tranquilidad, desarrollo personal y prosperidad para su familia.

La capacidad del dinero de desnudar a las personas, robarles los trajes con que se protegen y exponer sus vergüenzas es abrumadora. Ciudadanos inquietos por el nivel de desigualdad de su país, sensibilizados ante el deterioro de las clases medias, prefieren pagar o cobrar en dinero negro. Profesionales que se van *motu proprio* de las empresas para las que ofrecen sus servicios, preocupados por el nivel de déficit de las arcas públicas, apuran al máximo una indemnización por despido improcedente. Familias teóricamente sólidas, unidas y ejemplares, muestran su lado menos sublime y generoso cuando llega el test de repartir una herencia. Amigos del alma que dejan de serlo porque mantienen distintos criterios económicos. Compañeros de clase que confunden el aula con la calle y se ponen a trabajar juntos para descubrir después que su estrategia financiera –conservador, uno, atrevido rayando en la temeridad, el otro– los separa irremediablemente. La lista de ejemplos y testimonios puede ser interminable.

Dejo al lector que ponga nombre y apellidos concretos a lo que aquí se queda en mera referencia abstracta. De fondo, la cuestión personal por dilucidar. Desde el realismo y la madurez de alguien que se compromete con sus obligaciones y responsabilidades familiares, asumiendo la importancia de

Introducción

ser económicamente independiente, ¿soy esclavo del dinero o me elevo por encima de su agotadora voracidad? ¿Qué me interesa más, ser o tener? Darse de bruces con la verdad de nuestra respuesta sería el primer paso de una caminata distinta, mucho más liberadora, gratificante y rica en aprendizajes imperecederos.

¿Qué otra pista o señal puede y debe seguir el ser humano en su intento de conocerse mejor? Sin duda, el tiempo, factor limitado, finito, caro y valioso. Espejo insondable e incorruptible, nuestra relación con él, el uso que hacemos de un recurso que algún día nos faltará, explica la auténtica naturaleza y el rango de nuestros valores, prioridades y relaciones. Si una determinada tarea, compromiso, actividad, objetivo, obligación, definida como preferente, no encuentra un hueco en la agenda, en el tictac imparable de nuestros días, tiendo a pensar una de dos cosas: o bien no existe la fuerza de voluntad para actuar en consecuencia, para pasar sin más dilación de la decisión a la acción, cita ineludible, o quizás aquello que decimos que queremos hacer no es tan importante. No es tan fácil saber lo que realmente nos mueve e ilusiona. Perder peso, leer un libro, viajar por el mundo, aprender un idioma, hacer deporte, dar un paso y montarme profesionalmente por mi cuenta, afrontar a fulano en una conversación sincera, ver con más frecuencia a mis amigos, recibir clases de dibujo, de historia, de yoga, etcétera, son metas y actividades loables y queridas que con facilidad son abandonadas prematuramente o postergadas *sine die*. Ese constante remitirnos a mañana debería hacernos pensar.

Mi agenda y yo

¿Son realmente míos esos objetivos y aspiraciones, y entonces de lo que se trata es de actuar ya, sin más demora, o pendiente de colmar expectativas ajenas, de perseguir fines elegidos por otros, arrastro un profundo desconocimiento de mí mismo? ¿Son mis sueños la expresión más sublime de mi ser o son una forma de escaparme de la realidad? Necesitamos urgentemente un sentido realista y actualizado de nuestras querencias, sentimientos e ilusiones, y qué mejor instrumento que el tiempo para dibujar nuestra imagen más real.

La calidad de nuestras relaciones, de nuestro liderazgo —entendido este como el arte de influir en los estados de ánimo y los comportamientos de los otros—, de nuestras carreras profesionales, de nuestro ocio, incluso de nuestra salud, depende en gran medida de nuestra relación con el tiempo. Y esta, sorprendentemente, se muestra poco fluida y amable. Me atrevería a calificarla de difícil y conflictiva. El anteriormente referido Jacob Needleman plantea una cuestión oportuna: «En lugar de hablar en términos materiales, ¿podemos redefinir el concepto de riqueza desde el punto de vista del tiempo?».[15] Inquieto y sensibilizado por el discurrir de los acontecimientos, Needleman se contesta a sí mismo: «Somos una sociedad pobre en tiempo, nos estamos temporalmente empobreciendo».[16] Con más posibilidades y medios que en ningún otro momento de la historia de la humanidad, es habitual tropezarse con personas peleadas con

---

15. Needleman, Jacob. *Op. cit.*
16. Ibídem.

Introducción

el tiempo. Mientras hacen algo su cabeza se va a la siguiente cita, o repasan obsesivamente lo que ya pasó, convirtiendo su vida en un correcalles estresante y agotador.

El psicólogo norteamericano Tim Kasser considera que, una vez cubiertas unas necesidades básicas, la sensación de escasez de tiempo es la fuente principal de tensión e inestabilidad emocional. Requeridos desde diversas instancias –trabajo, sociedad, familia...–, multiestimulados en la era digital, los hombres y las mujeres de hoy sienten que pierden su agenda, que alguien anónimo, inocente, se la ha robado, y que, por tanto, lo que sigue es ir a remolque de los ladrones de su vida. Es curioso. No le dejamos las llaves de nuestro coche a cualquiera, tampoco las de nuestra casa. Celosos de nuestro sentido de la propiedad, sin embargo, entregamos nuestro tiempo a multitud de candidatos –jefes, subordinados, clientes, internautas, hasta familiares y amigos– que con toda naturalidad y desparpajo disponen de él. Animales sociales, es lógico que esos y otros interlocutores tengan un sitio en nuestra agenda. No se trata de retirarse al desierto y aislarse del mundo como anacoretas. Lo único que me atrevo a sugerir y solicitar es que esos encuentros e interacciones estén presididos por una proactividad más alerta y consciente. O me adelanto a la comunidad y protejo mi agenda, que incluye partidas y compromisos sociales, o aquella me la hurtará, inocentemente, sin darme cuenta.

En la actualidad el asunto cobra más relevancia que nunca. En 1977, Herbert Simon, premio Nobel de Economía, advertía sobre la atención que la sociedad de la información consume de sus receptores: «Una abundancia de información puede crear pobreza de atención».[17] Escrito hace casi cincuenta años, ¡qué no diría ahora del rumbo y cariz de los acontecimientos y costumbres actuales! Una cosa es ser ciudadanos de la sociedad de la información –ahí, con mayor o menor fortuna nos encontramos todos– y cuestión bien distinta es participar activa y responsablemente en la sociedad del conocimiento. Habiendo crecido exponencialmente en la era digital la cantidad de información disponible, nunca el hombre dispuso de tantos datos; o invertimos en nuestra capacidad para recibir, interpretar, discriminar y jerarquizar aquella, o la brecha entre información y conocimiento se puede agrandar peligrosamente. Solo la inteligencia puede reducirla.

Simon diagnosticó entonces un serio déficit de atención. Hoy el espectacular desarrollo de la tecnología, *per se* neutra, aséptica, y la calidad y la variedad de los medios a nuestro alcance, está haciendo de la capacidad de prestar atención a lo que hacemos, de mantenernos concentrados en una tarea, sea esta la que sea –charlar, leer, meditar, ver una película, estudiar, atender una conferencia, contestar un *e-mail*...–, la frontera diferencial entre los que se forman y enriquecen sirviéndose de la información y los que se pierden y distraen dominados por ella.

Nicholas Carr es uno de los escritores que más se ha significado en esta denuncia. De hecho, para escribir *The Shallows*

---

17. Citado en Goleman, Daniel. *Focus*. Nueva York: Harper, 2013.

Introducción

tuvo que retirarse al campo, modificar drásticamente sus hábitos de conducta, desconectarse del mundo y enfrentarse al folio en blanco en silencio y soledad. «Lo que internet está haciendo es erosionar mi capacidad de concentración y contemplación»,[18] reconoce abiertamente. Carr no es alguien que vive en el Paleolítico, anclado en un tiempo que se fue. Ciudadano moderno, viajado, usuario privilegiado y agradecido de los nuevos dispositivos, la observación honrada de su propia realidad, el seguimiento del funcionamiento furtivo de su mente lo empuja a advertir de los peligros de una indigestión tecnológica, y lo anima a tomar medidas drásticas.

Carr y otros autores como él, de los que me acompañaré en su momento, nos hacen pensar porque radiografían con precisión escenas habituales de la sociedad de hoy. La reunión de un consejo de administración con casi todos los consejeros enganchados a sus móviles; un comité de dirección en el que los diferentes directores sostienen un pulso entre las tentaciones de la red y volver a la agenda del día; una presentación en la que el PowerPoint, las tabletas, los tuits y los móviles compiten entre sí; un mano a mano entre un jefe y un subordinado sobre la carrera de este, sus posibilidades y contratiempos, interrumpido por llamadas, wasaps y entradas de la secretaria; unas jornadas de formación en las que la cabeza no es capaz de aislarse de los seguimientos y las urgencias del día a día, infrautilizando el potencial

---

18. Carr, Nicholas. *The Shallows*. Nueva York: W. W. Norton & Company, 2010.

instructivo del guion de temas y ponentes; una negociación ardua con un proveedor en la que no se consigue manejar los tiempos con temple y precisión. Breve apunte de algunos de los eventos, compromisos y citas profesionales que se ven atrapados entre sus propósitos originales y las tentaciones de la era digital.

No solo el negocio es puesto a prueba, también el ocio, nutritivo y reparador en su devenir lúdico, es asaltado descaradamente. Una cena familiar en la que los cuatro miembros permanecen atentos a sus móviles, solo aparcados por la presencia del camarero y por el despliegue posterior del menú elegido; un partido de fútbol en televisión, y los espectadores se pierden un gol, esencia del juego, porque estaban enfrascados en chats con sus colegas; un viaje de placer a lugares maravillosos en el que el tiempo consagrado a compartir la experiencia a través de Facebook roba o degrada minutos de oro. En todos ellos parece que es más importante contar la historia, en directo y a través de los distintos canales, que vivirla íntegramente, apreciando su valor intrínseco.

Vivimos envueltos en una realidad virtual en la que el adjetivo tiene más relevancia que el sustantivo. Torpes en el gobierno sensible de una mirada penetrante, de un timbre de voz dubitativo, de un silencio estremecedor, de una conversación que necesita una pausa para sortear resistencias iniciales y transformarse en encuentro catártico, nos convertimos en consumidores adictos de la variada y renovada oferta tecnológica. Drogatas virtuales, lo que era un medio maravilloso de comunicación, un instrumento poderoso de aprendizaje

Introducción

y cultura, se prostituye en fin en sí mismo. De usuarios de herramientas sofisticadas pasamos a ser sus esclavos.

El cerebro humano es la víctima que sufre este asedio digital. En un mundo sobreestimulado, multicanal, en el que el *zapping* mental es la norma y no la excepción y los estímulos son tantos que se nos indigestan, donde todo ocurre muy deprisa y a granel, mantener la atención, ser capaz de atar la cabeza a la actividad elegida, cultivar la memoria –músculo irresponsablemente menospreciado–, vivir concentrados en el presente, único tiempo real en su deslumbrante fugacidad y sencillez –dos gigantes, pasado y futuro, pugnan por devorarlo– se revelan cualidades distintivas de una inteligencia despierta que entiende los signos de los tiempos y se adueña de los inmensos recursos puestos a su alcance.

Estrictamente referido al ámbito laboral –mi radio de acción será más amplio, incluirá las 24 horas del día, los 7 días de la semana, negocio y ocio, deber y placer, trabajo y descanso, obligaciones y *hobbies*...–, Cal Newport en *Deep Work* medita seriamente sobre las paradojas y los desafíos que la tecnología depara al trabajador moderno. ¿Qué entiende por *deep work*? «El conjunto de actividades profesionales ejecutadas en un estado de concentración libre de distracciones, que llevan nuestras capacidades cognitivas a su máximo potencial. Este esfuerzo crea un valor añadido, mejora nuestras habilidades y son difíciles de replicar.»[19]

---

19. Newport, Cal. *Deep Work*. Nueva York: Grand Central Publishing, 2016.

Mi agenda y yo

Conseguir este estado mental de concentración y fluidez, en el que el tiempo se detiene o vuela muy rápido, en el que lógica e intuición se solapan, en el que pensamiento y sentimiento se entreveran, en el que razón y corazón se hermanan, sea cual sea la tarea –dictar una conferencia, escribir un artículo, decidir sobre una inversión delicada, diseñar un plan estratégico, dar *feedback* sincero y documentado, tener una entrevista de selección...–, es el punto de inflexión que traza la línea divisoria entre la excelencia original y la mediocridad fotocopiada. «La habilidad de lograr cada vez más ese grado de *deep work* es crecientemente rara y por eso mismo crecientemente valiosa en nuestra economía».[20] Y añado yo de mi propia cosecha: crecientemente decisiva en nuestras vidas, afectando el estado de nuestra cuestión social, familiar, intelectual, espiritual y afectiva. Continúa Newport: «Quién eres, qué piensas, sientes y haces, qué te gusta, es la suma de todo aquello en lo que te concentras».[21] Reitero mi propuesta inicial, querido lector. Este libro pretende ser útil en el laborioso proceso de conocerse a sí mismo. Ese viaje de introspección personal se debe realizar de forma constructiva, sincera, paciente, realista y honrada. Resulta difícil recorrer algunas zonas ocultas de nuestro ser a golpe de órdenes, amenazas, juicios o descalificaciones. Estas páginas quieren ser una invitación abierta a mejorar en la gestión de nosotros mismos, y qué mejor herramienta

---

20. Ibídem.
21. Ibídem.

Introducción

para lograrlo que revisar el uso que hacemos del recurso más preciado: nuestro tiempo.

A efectos de esta introducción distinguiría entre el tiempo profesional o laboral –dependiendo de la historia, cultura y exigencias del trabajo de cada empresa, también varía según se sea trabajador por cuenta ajena o propia, autónomo–, sometido a multitud de rigores y servidumbres, y el tiempo personal, aquel del que podemos disponer con absoluta libertad. Precisamente por este mayor margen de autonomía el tiempo libre es más rico en matices y detalles que pueden pasar desapercibidos. Me explico. En el plano laboral seguramente soy consciente del sinsentido de una reunión convocada al final del día, sin agenda previa, exhaustas las fuerzas y con nulo seguimiento posterior. También puedo lamentar una entrevista de evaluación del desempeño mal preparada, que se limita a cubrir el expediente, que infrautiliza su potencial y verdadero alcance. Del mismo modo puedo tener la sensación de pérdida de tiempo mientras participo en una sucesión ininterrumpible de correos dirigidos en todas las direcciones gracias a la manida opción de «con copia a». ¿Ardid para protegerme por si las moscas, plataforma para vender lo que hago, modo de escalar el conflicto?, vaya usted a saber, lo que es evidente es su escasa aportación a la buena marcha de la empresa. La cascada de ejemplos puede ser interminable. Las organizaciones por las que discurre la vida de sus profesionales tienen una pasmosa facilidad de hacer perder el tiempo, con el agravante de aparentar que están trabajando. Estaríamos ante el poder de la inercia, nuestra tendencia a vivir en la zona de confort sin reparar en la inutilidad de muchas iniciativas y encuentros. Enfrentado a esta deficiente gestión del tiempo en la empresa moderna, siempre puedo aducir que me debo a ella, a sus ritmos y costumbres. No está en la definición de nuestro puesto de trabajo cuestionar un modo de hacer que probablemente necesita una revisión radical.

Nuestro tiempo libre, por su propia naturaleza, limita la posibilidad de remitirnos a agentes externos. En cierto sentido nos roba las excusas y dilaciones a las que somos tan dados. Ya no hay jefes, clientes, compañeros o proveedores a los que apelar para justificar una mediocre gestión del tiempo. Seguro que cabe aducir deberes familiares, obligaciones que libremente me impongo como miembro de una comunidad de afectos, pero, aun así, el espacio de libertad personal es mayor. Si de lo que se trata es de pintar un cuadro realista, riguroso y actualizado de uno mismo, utilizando el tiempo como tribunal implacable, como detector de mentiras y verdades, el uso del ocio tiene un valor incalculable como fuente de información personal y análisis de los valores y prioridades que impregnan mi vida.

Cuando hablo de ocio lo digo en el sentido que propone el filósofo alemán Josef Pieper en *El ocio y la vida intelectual*, un clásico sobre la materia: «El ocio es, como actitud del alma (pues hay que dejar bien sentado algo evidente: que el ocio no se debe solamente a hechos externos como pausa en el trabajo, tiempo libre, fin de semana, permiso o vacaciones;

Introducción

el ocio es un estado del alma), precisamente lo contrapuesto al ejemplo del trabajador».[22] Ocio casi sinónimo de cultura, ese ámbito donde el ser humano cultiva otras circunstancias y posibilidades de su rica personalidad.

¿Método de trabajo que pretendo utilizar? ¿Mapa del que voy a servirme para no perderme recorriendo territorio ignoto? Exactamente el mismo del que me aprovecho en mi actividad profesional de asesor personal, de *coach*. Tengo la fortuna y el privilegio de acompañar a profesionales de diferentes procedencias durante una fase determinada de sus vidas. Testigo agradecido de su conversación interior, frontón en el que rebotar sus objetivos, sueños, dudas, contradicciones, fortalezas, talentos, debilidades, preferencias, valores…, un instrumento imprescindible de diagnóstico y mejora personal es su agenda. Sin ella es fácil perdernos en un mar de generalizaciones y declaraciones vacuas. Con ella los compromisos se convierten en acciones –si no se atienden, cabe dudar de su auténtica jerarquía– y estas en hábitos serios que permiten ahorrar energía y liberar neuronas para lo que la vida nos tenga preparado. Como cuando te invitan a una casa, cuando accedo a la agenda personal de un cliente, alumno o amigo, me siento honrado. En un ejercicio impagable de confianza, me hacen partícipe de su intimidad, de lo que de verdad importa. A veces cumplen puntualmente los objetivos fijados, otras no; siempre quedan retratados, de ahí mi gratitud y reconocimiento. Como con usted y conmigo, su

---

22. Pieper, Josef. *El ocio y la vida intelectual*. Madrid: Rialp, 1998.

agenda dice verdades como puños. Dime qué haces con tu tiempo y te diré quién eres.

Hablo de dos tipos de agenda. La primera, la agenda horaria, lo que dictan las manecillas del reloj. Por su precisión, rigor y asepsia, expone con meridiana claridad lo que nos ocupa aquí y ahora. Nuestras horas de trabajo, la mitad de nuestra vigilia mental, ¿en qué se van? ¿Qué actividades constituyen el núcleo de mi función? ¿Qué conclusiones se pueden sacar vista la distribución de mi jornada laboral habitual? ¿Cuánto tiempo transcurrido en reuniones a las que estoy convocado? ¿Cuánto en reuniones que responden a mi iniciativa y dirección? ¿En almuerzos de trabajo? ¿En viajes? ¿En una labor de estudio, de *benchmarking*? ¿En visitas a clientes? ¿Con empleados que me permiten mantener el pulso de la organización? ¿En foros y salones institucionales donde llevar a cabo una necesaria labor de *networking*? ¿En despachos con la secretaria? ¿En conversaciones mano a mano? ¿Con profesionales fáciles, leales e integrados, o con los más díscolos? ¿En despachar los cientos de *e-mails* y mensajes varios que llegan a las distintas terminales? ¿En navegar por la web? ¿En mi despacho, solo, pensando, con el silencio como único testigo? ¿En los pasillos de la casa para que vean que existo?

Fuera de mi rutina profesional, entrando en las regiones más personales de mi agenda, ¿qué dice esta de mis usos y preferencias? ¿Cuánto tiempo consagro a la familia? ¿Desglose pormenorizado? ¿Padres, hijos, la pareja? ¿Encuentros colectivos, uno a uno? ¿A los amigos? ¿A comidas fuera de

Introducción

casa? ¿Al deporte? ¿Frecuencia, lugar, horario? ¿A mis *hobbies* más queridos? ¿Clases contratadas o los dejo al albur de mis huecos? ¿Viajar? ¿Y la lectura, cultivar mi mente, aprender cosas nuevas? ¿Cine, teatro? ¿Televisión, radio? ¿Cuántas horas de consumo medio a la semana? ¿Internet, cuántas horas me sumerjo en sus fauces? ¿Incursiones constantes, rápidas, entro y salgo o habilito un tiempo formal para la red? ¿Correos, wasaps, tuits, cadencia de ese tráfico personal? ¿Excursiones, tiempo en plena naturaleza? ¿Meditación, tiempo consagrado a uno mismo, a despertar a lo que es, a escuchar mi voz interior, a chequear mi conciencia, a interrogarme por las razones últimas de mi existencia? ¿Y el descanso? ¿Qué dice su profundidad, calidad y extensión del estado de mi subconsciente, del tráfico mental acumulado? ¿Tono y energía con el que me despierto? ¿Cansancio que arrastro?

Así, procediendo de lunes a domingo, mezclando actividades, tareas y diversiones de distinta suerte y condición, ¿qué balance cabe hacer del análisis de mi agenda horaria? ¿Cuáles son los valores que se atisban en ella? ¿Qué dice de mi carácter para resolver los conflictos planteados? ¿Cuáles son los criterios preferentes de decisión? ¿Y de mis contradicciones e inconsistencias? De la observación atenta y objetiva de mi agenda, ¿qué conclusiones pueden extraerse? ¿Responde razonablemente bien a lo que considero importante en mi vida, protegida celosamente con mano firme y proactiva, o es un constante ir a remolque de los acontecimientos, apagando diferentes incendios? Si el resultado final tiende a ser caótico, si una sensación de desbarajuste y pérdida de control colorea el cuadro descrito, mantener la mente centrada en lo que hago será harto complicado.

Pongo un ejemplo personal y sencillo. Tengo que mandar mi columna semanal al periódico, a *Expansión*. Gimnasia instructiva y exigente, te obliga a cumplir los plazos de tiempo estipulados, amén de expresar lo que quieres en un número preciso de palabras. Aún pendiente de cumplir con mi compromiso, un colega de claustro me pide una reunión rápida y, además, mi mujer quiere comentarme un asunto acerca de nuestra querida tribu. ¿Qué me aconseja hacer? ¿Qué atiendo primero? ¿Qué dejo para más tarde? Intuyo que más de un lector a bote pronto me sugiere charlar primero con mi esposa y luego atender los dos frentes profesionales abiertos. ¿Y si mientras estoy charlando con ella mi cabeza piensa en que los minutos avanzan irremisiblemente y aún no he mandado el texto a la redacción? Probablemente note que la oigo, pero no la escucho, y créame que lo intento. En estas cuestiones en las que diferentes instancias y cometidos colisionan entre sí, el orden de los factores puede alterar considerablemente el resultado final. Salvo que el apartado familiar sea urgente, y al buen criterio de mi mujer me remito, lo primero que haré será redactar mi columna. Después, tranquilo y en paz conmigo mismo, con la sensación del deber cumplido, conversaré con mi mujer a gusto y relajado, sin mirar el reloj, al menos eso espero y deseo. Y después, de postre, sin que sirva de precedente, me reuniré brevemente con mi compañero de tareas docentes antes de continuar con el resto de mi jornada.

Introducción

Sin elevar a general ninguna pauta de conducta, sin extrapolar ingenuamente casos y situaciones diversas, el único mensaje que intento expresar es que sin un cierto orden y armonía en mi agenda horaria, en la distribución de mis horas entre las diferentes opciones abiertas, mantener la concentración y, por tanto, cuidar la calidad de los encuentros y las conversaciones que se suceden a lo largo del día será bastante más complicado. Y dese cuenta, querido lector, que no estoy hablando solo de la difícil transición de la sociedad de la información a la sociedad del conocimiento, sino de esta a un estado superior de conciencia, libertad y responsabilidad que me permita gobernar el rumbo de mi vida. Del oficio de dirigir personas, equipos humanos, de liderar atractivos proyectos profesionales, de gestionar la carrera, desde la autoridad personal, reto apasionante para el que no existen recetas, se pasaría al arte de vivir, causa sublime y misteriosa que precisa de una relación armónica con su majestad el tiempo.

Marko Rupnik, pintor, filósofo, jesuita, es un maestro avezado en estas lides. Recuerdo como si fuera ayer mi visita a su escuela de pintura en Roma. Sin prisas ni presiones, envueltos en una charla que destilaba sinceridad y delicadeza, me dijo: «La muerte es una cosa muy seria, implica que hay que vivir. El arte de morir tiene mucho que ver con el arte de vivir, uno muere en función de cómo ha vivido. Desde hace unos cuantos años, siguiendo el consejo de los antiguos monjes, me imagino que muero. Este ejercicio lo hago para apegarme, me ayuda a ir a lo esencial y a no dejarme enganchar por detalles insignificantes».[23] Difícil vivir peleado con nuestro último destino, morir, idea presente en los pensadores más grandes, universales e intemporales. Y no tengo ninguna prisa por llegar a la mar, siguiendo la maravillosa pluma de Jorge Manrique: «Nuestras vidas son los ríos que van a dar a la mar, que es el morir».[24] Pensar en la muerte, práctica en apariencia dramática, aprensiva, torturante, limitante, correctamente entendida e interiorizada, permite navegar por el río de la vida atendiendo lo más relevante, sin perdernos en fruslerías y cuestiones menores. Dar a las cosas la importancia que realmente tienen, relativizar aquel comentario o discusión, hasta reírme de sucesos o hechos que trastocaron mi paso, es un estado mental que requiere tener el tiempo como aliado. Pocas son las personas que dominan este arte. Pocas las que observan los años transcurridos con serenidad y agradecimiento. Pocas las que saborean los minutos concedidos, las que estrujan cada segundo regalado. Hombres y mujeres espabilados, listos, con olfato, activos, se estrellan en una asignatura que requiere más pausa que acción. Mentes privilegiadas, inteligentes, solo en los tramos finales del río descubren sus secretos. De la información al conocimiento, y de este a la sabiduría, y siempre el tiempo y el espacio como decorado de fondo.

23. Álvarez de Mon, Santiago. Caso de la División de Investigación del IESE, DPO-80, *Marko Iván Rupnik: corazón y razón*, febrero de 2006.
24. Jorge Manrique. *Coplas a la muerte de su padre*. Barcelona: Castalia, 2010.

Introducción

A menudo necesitamos la visita abrupta de la adversidad, de los sustos y las sorpresas que la vida nos presenta, para comprender verdades tan obvias. En la rutina de días vividos en serie, en modo piloto automático, desperdiciamos un presente valiosísimo, un regalo impagable. Porque hemos de ser conscientes de una cosa. Existen dos tiempos: uno objetivo, numérico, exacto, marcado por el tictac del reloj. Igual para todos, es una referencia común. Otro subjetivo, personal e intransferible, aquel que habla de mi atención para apresarlo, de mi delicadeza para sentirlo, de mi paciencia para esperarlo, de mi humildad para agradecerlo. El escritor argentino Ernesto Sábato se expresa bella y gravemente al respecto en *Antes del fin*: «Muchas veces me he detenido, solo en mi estudio, o con mis amigos, a cavilar sobre este tema, sobre la diferencia entre el tiempo existencial y el tiempo cronológico: este es igual para todos, aquel, lo más personal de cada hombre».[25] Afirmación de carácter introductorio, empujado por la tragedia, entra a fondo en el asunto. «Daría todo, mis libros —qué pobres, qué ridículos, qué precarios, qué inválidos, qué nada al lado de esta pérdida— y daría mi prestigio, ese prestigio que tanto pongo entre comillas, y los honores y las condecoraciones por recuperar la cercanía de Jorgito.»[26] Jorgito es el hijo de Sábato, fallecido prematuramente desoyendo las leyes del relevo generacional. Desde el inmenso dolor de una herida todavía abierta, desde el sufrimiento

---

25. Sábato, Ernesto. *Antes del fin*. Barcelona: Seix Barral, 2002.
26. Ibídem.

inefable de un padre roto, lamenta tardíamente: «Desgraciadamente, él ya no está y cosas fundamentales han quedado sin decirse entre nosotros; cuando el amor es ya inexpresable, y las viejas heridas permanecen sin cuidado. Entonces descubrimos la última soledad: la del amante sin el amado, los hijos sin los padres, el padre sin sus hijos».[27] Impresionante testimonio, te acerca a Sábato y te hace pensar sobre las claves de una vida buena. ¿Tenemos que perder a nuestros seres queridos para llevar la conversación con ellos a otro nivel de afecto, empatía y autenticidad? ¿Tenemos que perder la salud para cuidar, sin narcisismos, un poco mejor nuestro cuerpo? Él nos habla y no le hacemos caso. ¿Necesitamos crisis —económicas, personales, políticas— para atender lo importante como si fuera urgente? ¿Por qué dejar para mañana lo que puedo y debo hacer hoy?

«La gestión inteligente de la atención es la condición *sine qua non* de la buena vida, y la llave maestra para mejorar cualquier aspecto de nuestra experiencia», afirma convencido Winifred Gallagher en *Rapt*.[28] En eso consiste la sabiduría, en fluir por el curso del río prestando atención al paisaje, a la compañía elegida, a la tarea encomendada, viviendo despiertos cada día concedido. Gracias a una agenda horaria que rezuma razonablemente orden y flexibilidad, proactividad y capacidad de respuesta, mi agenda mental se conecta a lo que es, al aquí y al ahora, única forma de llegar a lo que podría ser.

---

27. Ibídem.
28. Gallagher, Winifred. *Rapt*. Nueva York: Penguin Books, 2010.

Introducción

Viktor Frankl es una autoridad intelectual y moral que le ha dado muchas vueltas a este asunto. Su *El hombre en busca de sentido* es un clásico que no puede faltar en ninguna biblioteca personal que se precie.[29] En una conferencia impartida en la Universidad Politécnica de Viena, en 1946, matizó: «¡Nosotros no podríamos preguntar por el sentido de la vida, la vida es la que plantea preguntas, la que nos dirige preguntas, porque somos nosotros los preguntados!».[30] Y hemos de responder en este momento, realizando los encargos y los deberes que nos son propios. «Somos nosotros quienes tenemos que responder, los que tenemos que dar respuesta a la cuestión permanente, de hora en hora, a las cuestiones de la vida [...]. También vemos de este modo cuán neciamente se plantea la cuestión del sentido de la vida cuando no se sitúa en toda su concreción, en la concreción del aquí y del ahora.»[31] Sentido y tiempo, dos conceptos y desafíos indisolublemente unidos. La riqueza y el significado de una vida lograda están ligados al uso que hagamos del tiempo, del día de hoy, de estas horas que nos han sido concedidas, de este presente que hemos de aprender a tratar como un regalo precioso. Si lo desperdiciamos, no vuelve, el *ticket* solo es de ida.

Este es el propósito principal del libro que sostiene en sus manos, estimado lector. Animarlo a examinar con sere-

---

29. Frankl, Viktor E. *El hombre en busca de sentido*. Barcelona: Herder, 2015.
30. Frankl, Viktor E. *... A pesar de todo, decir sí a la vida*. Barcelona: Plataforma Editorial, 2016.
31. Ibídem.

Mi agenda y yo

nidad y rigor su relación personal con el tiempo y, desde las conclusiones que una observación detallada y amplia arroje, actuar decididamente en línea con ella. Si me lo permite, le aconsejo dejar a un lado adjetivos, calificaciones, juicios de valor e ideales. Aparque por un momento el deber ser, controle al juez que todos llevamos dentro y fije su mirada en el ser, en la cruda realidad.

Sobre este decisivo y sensible asunto Pablo d'Ors ha escrito una auténtica joya, *Biografía del silencio*. Su lectura merece y necesita un tiempo distinto. Defensor a ultranza de la necesidad de meditar en una época entregada al dios activismo, la premisa inicial de la que parte es «que vivimos dispersos, fuera de nosotros mismos. La meditación nos concentra, nos devuelve a casa».[32] De ahí la estrecha conexión entre meditación y realidad. «No hay nada que no tenga su cepa en la realidad. Cuanto más se familiariza uno con la realidad, sea esta cual sea, mejor [...]. Hacer meditación es tirarse de cabeza a la realidad y darse un baño de ser. Es una escuela de apertura a la realidad.»[33] Por esa misma filosofía y actitud, escéptica de ensoñaciones escapistas y asustadizas, «la meditación ama la concreción y refuta la abstracción».[34] Y qué cosa más real, sencilla, silenciosa, discreta, implacable, correcta y precisa que nuestra agenda. En ella nos zambullimos en nuestro ser, acercándonos al misterio de nuestra última

---

32. D'Ors, Pablo. *Biografía del silencio*. Madrid: Siruela, 2014.
33. Ibídem.
34. Ibídem.

Introducción

identidad. De la descripción precisa y completa de ella, sin *a prioris* interesados, el plan de actuación personal para encontrar un mayor equilibrio y armonía en nuestra vida sale por sí solo. Sin forzarlo ni manipularlo, aflorará con fuerza y naturalidad inéditas. Entonces es el tiempo de la voluntad para realizarlo, para cumplir nuestras promesas más íntimas. Procediendo así, prueba y error, nos acercaremos a nuestro ideal más sincero y descriptivo. Y entonces, a lo mejor, dejaremos de pelearnos con el tiempo, de maltratarlo engullendo los minutos, quemando las horas, pasando de puntillas por los diversos encuentros y citas de nuestra vida, dejando en general un regusto de insatisfacción, tensión y precipitación. «No es esto», parece suspirar una voz interior, vivir tiene que ser algo más que ir a salto de mata de un lado a otro, sorteando obstáculos, zigzagueando entre convocatorias, atascos de tráfico, llamadas, plantones, avisos y planes autoimpuestos. Despiertos y atentos, respirando hondo, se puede explorar otra forma de caminar por la vida.

Del mismo modo, quién quiero y debo ser, qué quiero hacer, qué quiero aprender, cultivar y cómo realizar mi potencial son retos e incógnitas que pasan por reordenar nuestra relación con el tiempo, haciendo un uso más inteligente y sensato de él. Lo bueno es que, como esta cuestión versa sobre el futuro, todavía estamos a tiempo.

1.
Sesión fotográfica

«La vida entera es así. Es una comedia como cualquiera en la que unos y otros salen disfrazados con diferentes máscaras a representar sus respectivos papeles, hasta que, terminado el espectáculo, se retiran de la escena. A veces, en la vida real, como en el teatro, un mismo actor se disfraza con diferentes trajes, y así el que llevó sobre su cabeza la corona de rey viste luego los andrajos del siervo. Todo es simulación, en la escena como en la vida.»

ERASMO DE ROTTERDAM

«Si quisiese ir a trabajar todos los días a las siete de la mañana y salir a medianoche, sé que hallaría trabajo para mantenerme ocupado, como me sucedía antes de pasar por la Clínica Lahey. Pero aunque la mayoría de los directores gerentes insisten en que disfrutan con el setenta o el ochenta por ciento de su tarea, sospecho que en torno al treinta resultaría un porcentaje más exacto. Abundan por lo demás las llama-

Mi agenda y yo

> das telefónicas, los almuerzos tediosos y los dolores de cabeza que causa la administración empresarial.» Texto literalmente recogido de *Radical*,[35] la obra en la que Ricardo Semler, empresario brasileño, medita sobre la cultura de su empresa, Semco, y sobre las tendencias generales del *management* moderno.

Semler era el típico ejecutivo hiperactivo, trabajador, comprometido, con un acendrado sentido del deber, que consumía horas en la oficina sin apenas darse cuenta. Como ocurre en tantas y tantas organizaciones, la presencia física era uno de los indicadores no escritos de evaluación del nivel de lealtad y entrega de un buen profesional. En un viaje a Estados Unidos sufrió una crisis que los médicos diagnosticaron como un cuadro severo de estrés. Su organismo estaba agotado y su mente, quemada y amortizada. De ahí que tuviera que estar ingresado unos días en la reputada Clínica Lahey en Boston.

Superado el susto, dado de alta, modificó drásticamente su estilo de dirección, sus hábitos de trabajo y su relación con sus colaboradores. Y todo ello porque en lugar de quedarse en los síntomas del episodio sufrido, minimizando su alcance y repercusión, se fue al origen del problema. «Su raíz estaba no tanto en la gestión de un negocio como en la del tiempo. Muchos ejecutivos consideran que las veinticuatro horas del día es demasiado poco tiempo para hacerlo todo.

---

35. Semler, Ricardo. *Radical*. Barcelona: Plaza & Janés, 1993.

Sesión fotográfica

Pensé larga y detenidamente en el tiempo durante las semanas que siguieron a mi visita a la Clínica Lahey. Comprendí que si quería hallar una cura definitiva para la enfermedad del tiempo, tendría que empezar por identificar las causas.»[36]

Definitivamente sensibilizado ante una tendencia general enfermiza que asume como propia, no le basta con rebajar la fiebre y aliviar sus efectos, se dirige a las causas que la explican. Entre otras, identifica una que está muy extendida en diversos sectores e industrias, que parece una pandemia. «Una causa es el evangelio según el cual la cantidad de trabajo es más importante que su calidad. Resulta sospechoso el profesional que de algún modo consigue administrar su tiempo. Y si va al cine, no lleva su portafolio a casa, dedica los fines de semana a la familia y recoge algunas veces a los chicos en la escuela, entonces es que ya ha descendido a un estado de indolencia.»[37] Evidentemente, no se alcanza un nivel de dominio y solvencia en cualquier ámbito profesional sin invertir lúcida y generosamente en horas de esfuerzo y dedicación. Sobre todo en los comienzos de una carrera exitosa, en los que se deben poner cimientos sólidos, asentados sobre un conocimiento profundo de lo que uno se trae entre manos, y en actividades o disciplinas técnicas que precisan de un incontestable saber y experiencia. Garantizado este, en cuestiones *soft*, como dirigir talento, individual y colectivo, el énfasis debería ponerse en la calidad de la relación estable-

36. Ibídem.
37. Ibídem.

Mi agenda y yo

cida, no en la cantidad de horas consumidas juntos. Nuestro funcionamiento intelectual se asemeja en cierta manera a la ley de rendimientos decrecientes. Garantizados unos mínimos de trabajo y estudio, alcanzado un umbral de pericia y gobierno de la materia, por exceso, las horas que siguen pueden resultar contraproducentes, degenerar en conflicto y estrés, tensando la cuerda de relaciones sujetas con alfileres. Tiempo tendré de volver sobre este apartado. Dejo tranquilo y relajado a Ricardo Semler, que ha hecho inteligentemente de la necesidad, virtud, instalado en una filosofía de vida que le sirve y enriquece porque es suya, y vuelvo sobre una de las denuncias planteadas.

Reuniones, almuerzos de trabajo, comités, viajes, horas consumidas en la variada oferta de la red, negociaciones repetidas, visitas improvisadas, conferencias telefónicas, comisiones, foros institucionales, entregas de premios, presentaciones a clientes, etcétera, son algunos de los lugares y compromisos por los que se gastan y hasta se pierden nuestros pasos profesionales. Inocentes salvo prueba en contra, por mor de la rutina y automatismos que los impulsan, no sé si deberíamos modificar esa generosa presunción jurídica y empezar a sospechar de citas y acontecimientos que llevan en su seno el marchamo de lo anodino y desgastante. En su último trabajo, *Focus*, Daniel Goleman habla de «*Organizational attention deficit disorder*». Mal que aqueja en general a la sociedad de hoy, los más jóvenes y los adolescentes son sus víctimas preferidas, también se extiende e instala en instituciones adultas que deberían estar regidas por un uso más pulcro y consciente del tiempo. «Decisiones erróneas porque faltan datos relevantes, ausencia de tiempo para la reflexión, problemas para atraer la atención del mercado, incapacidad para concentrarse cuando y donde importa. El liderazgo implica capturar, dirigir y mantener la atención colectiva de empleados, compañeros de trabajo, clientes, etcétera».[38] Ese es el primer mandamiento de un buen comunicador, despertar la atención de su audiencia y luego ver si es capaz de mantenerla atenta a su mensaje. Obvio decir que la claridad, brevedad y originalidad de su mensaje, aderezado con pausas –los grandes oradores están cómodos en el silencio–, preguntas y ejemplos cotidianos de la calle, le resultarán de capital importancia. También exigencia de un liderazgo que ejerce una influencia poderosa porque es capaz de congregar en torno a un tiempo compartido la atención de los diferentes *stakeholders*, accionistas, empleados, clientes, medios de comunicación, ciudadanos, proveedores, competidores, etcétera.

Tiempo de ir al médico. Cursemos esa visita pospuesta entre aprensión, pereza e ignorancia, mejor no saber. Realicemos un chequeo personal profundo y completo con objeto de diagnosticar el tipo de relación que mantenemos con el tiempo. Para ello le propongo un ejercicio sencillo y asequible para todos. Los norteamericanos lo llaman *detached observer*, es decir, usted se va a dividir en dos versiones: observador y observado. Es como si fuera al cine, se sentara cómodamente en el patio de butacas y viera la película de su

---

38. Goleman, Daniel. *Op. cit.*

vida. Lleva puestos dos gorros, espectador y protagonista. El primero tiene como encargo dejar en paz al segundo, mirar sin opinar o prejuzgar, y este, no estar pendiente de aquel, funcionar con naturalidad. Observación limpia, aséptica, factual, descriptiva, meramente informativa. En palabras de Pablo d'Ors: «Observar la mente es el camino. ¿Por qué? Porque mientras se observa, la mente no piensa. Así que fortalecer al observador es el modo para acabar con la tiranía de la mente, que es la que marca la distancia entre el mundo y yo».[39] Se trata de ser testigos despiertos e imparciales de nuestra propia singladura personal. «Dentro de nosotros hay un testigo. Le demos o no juego, ese testigo está siempre ahí. Meditar es darle entrada, reanimarlo.»[40]

Por tanto, póngase las gafas de un científico serio, preciso, riguroso, abandonando cualquier tentación de valoraciones morales sobre si debería pensar, sentir o hacer tal cosa. Limítese a constatar lo que ocurre, a levantar acta de su uso del tiempo como si fuera un notario honrado de la realidad, recogiendo todo tipo de detalles y datos. No haga nada más, no se precipite en ningún tipo de conclusión. Tiempo habrá para llegar a ese estadio de análisis y propósito de enmienda. Por el momento basta y sobra con hacer la foto más real y nítida de usted y su relación con el tiempo.

Desde el punto de vista profesional, lógicamente, la radiografía depende del tipo de trabajo que realiza, autonomía

---

39. D'Ors, Pablo. *Op. cit.*
40. Ibídem.

de la que disfruta —no es lo mismo ser un trabajador por cuenta ajena, un profesional *freelance*, el fundador y dueño de una empresa consolidada, el emprendedor de una joven *start-up*...–, modos de hacer de la cultura empresarial y otros elementos que tener en cuenta. En mi caso, por ejemplo, el desglose pormenorizado de mi horario profesional se distribuye entre diversas funciones y responsabilidades. Como miembro del claustro del IESE, mi condición de profesor incluye una carga docente anual, un número concreto de clases distribuidas entre los diversos programas de la escuela. En función de la tipología y la circunstancia personal de los alumnos —estudiantes del máster, programas *in-company*, cursos de alta dirección...–, ¿cuántas horas de preparación y atención personal al alumno se requieren? Además, incluye la labor de investigación propia de una institución volcada hacia el futuro. Publicaciones en *journals*, casos —nuestra herramienta habitual de aprendizaje–, libros propios, capítulos en otros, etcétera. Al final de cada año, ¿cuál es mi producción particular? Un tercer cometido, clave y distintivo de la cultura del IESE: mi colaboración con las tareas de gobierno de la casa. En el pasado, entre otras, la dirección del Executive MBA de Madrid, en la actualidad, la dirección académica del PADE (Programa de Alta Dirección Empresarial). Incrustado entre esos tres encargos, ¿cuánto tiempo paso reunido con mis colegas de departamento? ¿Cuántas horas con otros profesores buscando un enfoque multidisciplinar? ¿Cuántos encuentros y tertulias surgen espontáneamente yendo más allá de la estructura y la redistribución formal de tareas? ¿Cuánto tiempo transcurre entre las distintas jornadas anuales del claustro, empezando por la tradicional cita de septiembre?

En mi faceta de escritor, ¿cuánto tiempo me llevan mis artículos y libros publicados, mi colaboración semanal con *Expansión*, periódico al que le estoy muy agradecido por su confianza, por prestarme un rincón donde se respeta mi libertad e independencia? En la cuarta pata que sostiene mi silla de trabajo, fomentada por el IESE desde sus inicios con objeto de vincular la academia a los requerimientos y las necesidades de la comunidad empresarial, mi labor personal de asesor de empresas, ejercida como profesional liberal, por cuenta propia, ¿qué porcentaje de mi agenda laboral supone? ¿Cartera de clientes? ¿Calidad de servicio, disponibilidad de tiempo, capacidad de respuesta, atención personalizada, extensión media del marco temporal de las colaboraciones contratadas?

Tanto en unas como en otras facetas, ¿carga viajera que consume? ¿Frecuencia y duración de los recorridos? ¿Trayectos nacionales, internacionales? ¿Europa, otros continentes? «¿Se necesita tanta precisión?», podrían pensar algunos. Sinceramente, sí. Al margen de *jet lags* a los que uno está muy habituado, el impacto sobre la agenda temporal es más que evidente. ¿Cuánto tiempo se va en despachos con mi secretaria, que, además, asiste a otros dos profesores? ¿Cuánto tiempo dedico a leer, estudiar, en mi caso no solo un placer, sino también un deber? ¿Géneros contemplados? ¿Horas del día dedicadas a unos y otros? Entrando en mi conexión con las nuevas tecnologías, ¿cuánto tiempo consagro a los *e-mails*? ¿Cuántos recibo? ¿Cuántos contesto? ¿Ritmos de mis respuestas? ¿Wasaps, tuits, etcétera? Entre pitos y flautas, fluctuando en función de la época del año, ¿cuántas horas de media semanales dedico al desarrollo de mi profesión?

Olvídese de mi caso particular, ¿cuál es su respuesta a las incógnitas planteadas? Por favor, sea lo más preciso y honesto que pueda, no se haga trampas al solitario. ¿Cuáles son los epígrafes de su trabajo que más tiempo le llevan? ¿Reuniones, viajes, relaciones institucionales, servicio a clientes, embajador de la empresa, despacho con colaboradores, redacción de informes, papeleo administrativo, conferencias con el centro corporativo…? Al margen de la contestación que honradamente cada uno obtenga, ¿qué hacemos el resto del tiempo? Llámele ocio, tiempo libre, personal, vendría a ser el apartado vital que no se relaciona directamente con nuestro trabajo. *Mens sana in corpore sano.* ¿Estado de forma? ¿Horas de ejercicio físico? ¿Modalidad: correr (maratón), bici, gimnasio, tenis, pádel, fútbol (los más jóvenes)…? ¿Pilates? ¿Yoga? ¿Deporte como obligación, reto, un acto de la voluntad, o incorpora un sentido del placer, de la diversión? ¿Iniciativa errática, como el Guadiana, aparece y desaparece en mi vida, o costumbre arraigada?

¿Familia? Apartado crítico, estratégico, se descompone en múltiples cometidos, y siempre acorde con la tipología de nuestra estructura familiar. ¿Planes conjuntos? ¿Viajes, excursiones, tertulias, comidas, cenas, mano a mano, cine, teatro, sesiones televisivas, acontecimientos deportivos…?

Mi agenda y yo

¿Planes de pareja? Dentro de un epígrafe que podría calificar de social, ¿cuántas relaciones de auténtica amistad cultivamos? ¿Naturaleza de los encuentros? ¿Iniciativa, frecuencia, extensión?

Entenderá que como profesor me interese por el lugar de la educación en su agenda. ¿Últimos cursos o seminarios a los que asistió? ¿Duración, aprendizaje, valoración? ¿Compromiso individual u organizacional? ¿Financiación? ¿Dominio del inglés, de otros idiomas relevantes para usted? Pegado a la formación, en un epígrafe que podría titular cultura, ¿tiempo consagrado al cultivo de saberes, experiencias y artes varias? ¿Visitas a exposiciones, museos? ¿Su relación con la música? ¿Cuántos libros lee al año? ¿Ficción, no ficción? ¿Revistas especializadas? ¿Publicaciones generales? ¿Periódicos? ¿Formato impreso, digital?

En un mundo sufriente e injusto, en el que tantas buenas gentes carecen de los recursos mínimos para tener una vida digna, propia de seres humanos, un aspecto decisivo y delicado: nuestro ser solidario. ¿Horas dedicadas a este lado humanitario? ¿Naturaleza y alcance de nuestro compromiso? ¿Inversión en tiempo, talento o dinero? ¿Cadencia de nuestra colaboración? ¿De qué organizaciones y ONG soy miembro? ¿En qué fundaciones sin ánimo de lucro participo? Aquí incluiría también cualquier comportamiento relacionado con la preservación y la mejora de nuestro planeta, nuestra casa común, tan maltratada por sus habitantes.

Tres últimos capítulos en este repaso pormenorizado a su distribución horaria personal. Primero, ¿las redes sociales y usted? ¿Horas de navegación por la red? ¿Chats en los que participa? ¿Lugares por donde se expone: Twitter, Facebook, LinkedIn...? ¿Alguna vez está desconectado? ¿Cuándo? ¿Dónde? ¿Por qué? ¿Experiencia gratificante o incómoda? Segundo, ¿horas de descanso? ¿Siesta? ¿Hábitos de sueño? ¿Varían mucho de lunes a viernes, y fines de semana? ¿Transcurso rutinario del año, vacaciones? ¿Calidad y profundidad? ¿Tono vital? ¿Siesta? Tercero, en el rincón más intrapersonal, quitando el tiempo de higiene y descanso, ¿cuántos minutos, horas, pasa solo? ¿Cuánto tiempo dedica a pensar? ¿Qué bloques de su agenda reserva estrictamente para usted? ¿Liturgia matinal? ¿Vespertina? ¿Paseos por la naturaleza? ¿Con qué fin? ¿Terapia, ejercicio prescrito o por el mero placer de conectarse a la tierra? ¿Horas de meditación? ¿En qué consiste? ¿Papel del silencio? ¿Cita eternamente pospuesta? ¿Prisas, impaciencia o interpretación utilitarista del fenómeno se interponen en su objetivo? Si es creyente, ¿horas de oración? ¿Cuándo, cómo, dónde?

Más o menos ya está. El chequeo personal no tiene vocación exhaustiva, no busca hurgar en todos y cada uno de los rincones de su vida. Basta con una panorámica general. Momento de reflexión. Cobre cierta perspectiva y distancia con respecto a usted mismo. ¿Qué dice su agenda de sus hábitos, relaciones, inquietudes, desafíos, logros y preferencias? ¿En qué consume su tiempo? ¿Cuestiones importantes, urgentes? ¿Cuáles son sus talentos y habilidades naturales, aquellos dones de la naturaleza –lo que natura no da, Salamanca no presta– que le permiten realizar algún cometido o encargo con agilidad sorprendente? ¿Qué otras funciones requieren, en cambio, de un esfuerzo máximo, de un tiempo adicional para suplir sus carencias? ¿Cuándo el interés, la curiosidad y la atención se coaligan para que el tiempo pase volando? ¿Qué tiende a postergar? ¿Qué colaboradores le caen bien, tiempo compartido con ellos? ¿Qué otros le dan pereza y se limita a cubrir mínimos? ¿Cuándo fluye y siente que la vida no le pesa? ¿Cuándo se crispa y empieza a rumiar en una peligrosa espiral mental?

¿Prima el trabajo, con un fuerte significado y propósito en su vida, o el ocio colorea la temática del dibujo resultante? ¿Uno y otro se entreveran o están irreversiblemente divorciados? ¿Patrones de conducta que se pueden extraer del análisis efectuado? ¿Qué dice la información recogida de nuestros valores y prioridades? ¿Está atendido lo esencial y definitorio de mí o está imprudentemente relegado en la vorágine de días que se suceden inconscientemente? ¿Cómo pinta el cuadro final? ¿Cuál es el tema de fondo? ¿Consistencia, equilibrio, armonía, paz, pese a los ajustes inevitables que hay que realizar en una agenda viva y cambiante? O, por el contrario, ¿prevalece un cierto desasosiego, tensión, fricción o conflicto? De ser así, ¿dónde se producen las fisuras más visibles? ¿Las brechas más serias? ¿Las mayores inconsistencias? ¿Las quiebras más grandes entre lo que predico o ansío de mí y lo que practico? En la gestión de ese gap entre mis planes y mis realizaciones concretas, ¿qué se puede hacer? ¿Cómo encontrar un punto mayor de tranquilidad, de sensación de que uno conduce su vida, que no lo llevan somnoliento en los asientos traseros?

Sesión fotográfica

Cuestiones pertinentes, necesarias, prácticas, intentaré afrontarlas en los capítulos que siguen. Vendría a ser nuestro plan personal de entrenamiento, nuestro compromiso para equilibrar la balanza.

2.
Fijando las prioridades

«La diligencia hace con rapidez lo que la inteligencia ha pensado con calma… El prudente hace a tiempo lo que el necio a destiempo. Los dos hacen lo mismo… Mucho consiguió quien no dejó nada para mañana.»

BALTASAR GRACIÁN

Recuerdo hace unos años la llamada de un socio de una prestigiosa firma de consultoría. Quería hablar conmigo para ver si podía ayudarlo a realizar un diagnóstico externo, objetivo e independiente sobre las razones de los preocupantes índices de rotación de jóvenes talentos. Sin ningún problema para seducir y contratar algunas de las mentes más brillantes de nuestro país, empezaban a tener serios problemas para retener a algunos de los profesionales con mejor proyección de carrera. De saque descontaban la marcha natural imputable a la constante interacción con algunas de las marcas y empresas más reputadas. Algunos clientes eran especialmente listos en «robar» un talento ya rodado y fogueado, que, además, conocían bien como consecuencia del servicio ofrecido.

Mi agenda y yo

Desafío generalizado en un sector que se nutre de hombres y mujeres con una sólida formación académica –abundan los másteres, el inglés solo discrimina negativamente, es un *must*–, sanas ambiciones de crecer y hambre de aprender los entresijos del mundo empresarial. Firmas de consultoría y auditoría, despachos de abogados, de otras materias, son el foco de muchos jóvenes con ganas de comerse el mundo. Asistente júnior, colaborador sénior, mánager, socio, son algunos de los escalones y categorías profesionales que conquistar, divisar y ansiar en su horizonte profesional. Identificados con sus clientes, comprometidos en su desarrollo, el reto es vincularlos institucionalmente con la firma, que esta no sea una mera referencia física, una marca líder, una plataforma desde la que acceder a otros sitios renombrados.

Volviendo a mi entrevista con el socio referido, analizada toda la información concerniente a perfiles contratados, nivel salarial, parte fija y variable, prácticas de evaluación del desempeño, *career track*, criterios de promoción y salida, volumen de trabajo que realizar, horarios, etcétera, no era difícil identificar por dónde podían venir los tiros, las causas de desafección de algunos de los miembros más preparados. Hay que destacar una cultura que ha hecho de jornadas estiradas al límite, sistemáticamente, una de sus características diferenciales. Como pasa en la banca de inversión, en algunas *start-up*, en este tipo de organizaciones es fácil entrar entre las 8 y las 9 de la mañana y salir alrededor de las 10 de la noche. No sorprenden jornadas maratonianas que se prolongan hasta la madrugada. El cliente como excusa y razón de ser es un man-

Fijando las prioridades

tra que puede esconder déficits importantes de organización y método, amén de lagunas personales de gestión de equipos por parte de socios y gerentes con delicadas atribuciones al respecto. Volcados en su cartera de clientes, preocupados por la tiranía de una cuenta de resultados, donde prima el cortoplacismo y los indicadores meramente cuantitativos, lo *soft*, el liderazgo del capital humano puede esperar… hasta que se hace tarde y este decide marcharse.

Después de entrevistarme y escuchar a varios profesionales, era evidente que su preocupación y hartazgo tenía mucho que ver con horarios incomprensibles. Haciendo abstracción del estilo personal del máximo encargado de cada proyecto, hay socios y socios, la nota generalizada eran unos días laborales que no dejaban resquicio para ninguna otra faceta de su vida. De lunes a viernes casados con la empresa, y siempre, incluidos sábados y domingos, conectados virtualmente, al alcance de los jefes. Veintimuchos años, treinta y pocos, proyecto familiar ilusionante, cultivo de otras necesidades…, métalo todo en el túrmix, bátalo y lo que resulta es una predisposición a aceptar ofertas que permitan compatibilizar mejor trabajo y vida personal.

Sorprenden estos excesos en una era digital que precisamente propicia y favorece un ritmo laboral más inteligente, autónomo y flexible, asentado en criterios de libertad, responsabilidad, exigencia y madurez personales. No me evalúe, por favor, por las horas que paso con usted, jefe, por el número de veces que le doy la razón, por la cantidad de reuniones a las que asisto, por la hora a la que ficho, por el sinfín de presentaciones PowerPoint que soy capaz de improvisar y retocar, sino por mi contribución real al objetivo común, por la calidad de mi aportación al conjunto del equipo del que formo parte, por mis resultados.

Con objeto de avanzar y superar el *impasse* presentado, tanto al socio de esta consultora, como a los profesionales con los que me reuní, les formulé una triple pregunta. Con ella pretendo pasar de la teoría a la práctica, de la planificación estratégica a la acción. En uno de sus libros, *What Got You Here Won't Get You There*, mi admirado colega Marshall Goldsmith subraya la importancia de ir «*from understanding to doing*».[41] Obviedad fácil de entender, se nos atraganta a menudo. A diferencia del capítulo anterior, que tomaba como referencia informativa la agenda pasada, el conjunto de actividades, situaciones, foros y relaciones que absorben nuestro tiempo, ahora la atención gira sobre el futuro, sobre el contenido de una agenda en blanco que hay que ir rellenando con los epígrafes, citas y compromisos que considere más relevantes. Lógicamente, cuanto más me aleje del presente y me proyecte lejos, más huecos habrá. Frente a la irreversibilidad de un pasado que no puedo modificar, pero del que sí puedo aprender, ahora el énfasis se sitúa sobre una agenda presente y futura, por tanto, flexible y cambiante.

Primera de las tres preguntas que tengo en cartera para esta etapa en la que me encuentro. En *What to Ask the Per-*

---

41. Goldsmith, Marshall. *What Got You Here Won't Get You There*. Nueva York: Hachette Books, 2007.

Fijando las prioridades

son in the Mirror, Robert Stephen Kaplan la concreta con meridiana claridad. «Con objeto de llevar a cabo la visión de la empresa, de culminar nuestros sueños, ¿cuáles son las tareas críticas que deben ser realizadas puntualmente?»[42] En un plano más personal y comprometido, ¿cuáles son las funciones concretas que usted ha de ejecutar, las iniciativas individuales que debe emprender? ¿Decisiones que tomar? ¿De qué naturaleza? ¿Estratégicas, de inversión? ¿Expansión internacional? ¿Desinversión? ¿Contratar a fulano, prescindir de mengano? ¿Conflictos que afrontar? ¿Responsabilidades que asumir? ¿Conversaciones que abordar? ¿Negociaciones que cerrar? ¿Relaciones que cultivar?

Esta batería de preguntas, en general, para profesionales liberales como yo son relativamente sencillas de contestar. Impartir una clase en uno de los programas de IESE; diseñar el curso de *self-management* para mis alumnos del Global Executive MBA. Escribir mi columna del periódico, enfrentarme al papel en blanco e intentar avanzar por las páginas de este nuevo libro. Hacer un trabajo de campo para el nuevo caso de investigación que tengo en mente. Coordinarme con mis compañeros de claustro con objeto de que los contenidos del PADE se actualicen y sean los que necesitan y merecen los participantes del programa. Impartir una conferencia en la convención anual de una empresa. Encerrarme dos días con un equipo de dirección para facilitar y estimular

---

42. Kaplan, Robert Stephen. *What to Ask the Person in the Mirror*. Boston: Harvard Business School Publishing, 2011.

un ejercicio de *team building*. Leer, corregir y dar *feedback* a mis alumnos sobre los informes que me presentan. Encerrarme con un *coachee* y ayudarlo a llegar a ser la persona que desea y sueña. Y puntos suspensivos, es un simple botón de muestra. Las claves diferenciales de mi trabajo exigen y facilitan a la vez desarrollar un fuerte sentido de la propiedad. La autonomía concedida, la libertad conquistada –por sí mismas exigentes, te privan de excusas, te enfrentan a tu responsabilidad– impiden que te diluyas en un océano de generalizaciones, que te escondas a la defensiva poniéndote a buen recaudo de lo que pueda pasar.

Si me paso a las filas de multitud de profesionales cuyas carreras transcurren en el ámbito de diferentes estructuras organizacionales, sometidas a las tradiciones y los hábitos de la industria respectiva, a los estilos y los modos de hacer de cada empresa, el panorama cambia. Cuanto más abajo de la pirámide se encuentra uno, cuanto más al comienzo de su itinerario laboral se halle, y cuanto más técnica, específica y precisa sea su función, más fácil será responder con claridad y concreción. A medida que vamos trepando hacia arriba, que el trabajo incorpora variables *soft* de gestión, que la trama de interacciones e influencias se amplía, que los proyectos y los desafíos se tornan transversales, que el radar de uno debe captar el variado movimiento de distintos profesionales –externos e internos–, las cosas se complican. Además, la ambigüedad y la complejidad de muchas estructuras matriciales alimentan un cierto efecto dilución. Si ya nos encontramos en la cúspide, con vistas generales a la realidad interna de la empresa, con-

Fijando las prioridades

templando las tendencias de una sociedad compleja y controvertida, con un sinfín de jugadores clave sobre los que influir –accionistas, consejeros, inversores, clientes, competidores, colaboradores, proveedores, medios, autoridades, políticos, etcétera–, donde el poder, el estatus y la jerarquía difuminan y distorsionan la visión, donde la soledad tarde o temprano se hace presente, clarificar y atender las tareas, las decisiones y las responsabilidades de uno mismo no es cuestión baladí.

Al respecto, Valentín Fuster, hombre polifacético como pocos, profesional que respeto y admiro, es un buen ejemplo para ilustrar mi pregunta. Sin entrar en su vida personal, familiar, sin reflexionar tampoco sobre su condición de ciudadano cosmopolita y viajero, sin detenerme en sus múltiples *hobbies* y aficiones –la naturaleza, el ciclismo, la música, el tenis, etcétera–, hablando estrictamente de su carrera, son varios los gorros que lleva puestos: científico de primera fila, médico con consulta abierta por la que desfilan un montón de pacientes, director del Departamento de Cardiología del Hospital Monte Sinaí en Nueva York, investigador consumado sobre la relación entre cultura, educación y salud, escritor prolífico, presidente del CNIC…, son muchos los ángulos y perfiles que incorpora su dilatada y fecunda trayectoria profesional.

Fuster tiene dos agendas. Una oficial, formal, metódica y ordenada que comparte con sus dos asistentes personales en ambas orillas del Atlántico. Otra personal, informal, a la que solo él tiene acceso. Esta es la que le permite reservar huecos para lo que pueda surgir en su apasionante vida. Si dejara la primera a su libre albedrío, arrasaría con todo. Si le preguntara por los pilares que imprimen sentido, orden, intensidad y equilibrio a su agenda, seguro que mencionaría pacientes, autoridades mundiales, líderes de opinión, inversores, colaboradores, colegas de profesión, editores, etcétera. Entre las tareas que considera capitales en su trabajo, desde que lo conozco, se mantiene leal a su cita semanal con las guardias de noche. ¿Por qué un hombre de su prestigio e influencia sigue haciendo guardias? La razón es bien sencilla: porque lo acercan a sus pacientes, a sus compañeros del hospital, muy próximo al latido de su vocación-profesión. Una mañana calurosa de julio, en su despacho del hospital, pegado a Central Park, me reconocía su jerarquía.

> «Hacer guardias es fundamental, hay que predicar con el ejemplo. Sin él no cabe la confianza. A eso hay que unir que te mantiene en contacto con la realidad, con lo que llamamos el *fighting line*, la trinchera. Uno no puede tomar decisiones si no ve ni sabe lo que pasa. Entiendes lo que te dicen si estás ahí, si lo vives. Si no, te quedas en fuera de juego. Las guardias me mantienen conectado al paciente, a mis colegas, a mi profesión, a la calle.»[43]

Blindadas en su agenda de modo proactivo, las guardias se cruzan y coordinan con las otras actividades y requerimien-

---

43. Álvarez de Mon, Santiago. Caso de Investigación del IESE, DPO-168, *Valentín Fuster: directivo e investigador*, mayo de 2009.

tos de una vida variada, intensa y serena. Su dominio de los tiempos es sorprendente. Tiene muy claro lo que es importante y lo que es superfluo. Y como buen cirujano, celoso cuidador de sus pacientes, distingue entre un ineludible sentido de la urgencia y el ruido y las prisas que a menudo rodean su oficio.

Otro caso interesante e instructivo es Carlos López Otín. Como Fuster, persona con muchas inquietudes y aficiones. Podría perfectamente haber sido médico, también escritor. Le encanta la fotografía, la pintura y la música. Espíritu bohemio y soñador, se nutre de la naturaleza y la soledad, aun siendo un «animal» social. Profesionalmente, es catedrático en el área de bioquímica y biología molecular. Líder de un grupo de científicos que en el laboratorio intentan calmar su sed de investigación, ha publicado en algunas de las revistas científicas más prestigiosas del mundo, *Science* y *Nature*, entre otras. Gestor de equipos de jóvenes con enorme proyección internacional, es un tenaz y comprometido estudioso del cáncer. Siendo este su perfil, tiene el espíritu de un investigador heterodoxo y libre y la docencia ocupa un sitio muy importante. Charlando con él en su despacho del Departamento de Bioquímica de la Facultad de Medicina de la Universidad de Oviedo, donde imparte sus clases, me confesaba con espontaneidad contagiosa:

> «La labor docente es emocionante, después de un tiempo tienes las tablas suficientes para desenvolverte con cierta des-

Mi agenda y yo

> treza, pero cada clase es un reto. Habitualmente ejerzo la docencia a la antigua usanza: pizarra, preguntas y respuestas, conozco a los alumnos por sus nombres y estoy a su disposición de manera continua y prioritaria. La investigación detrae tiempo de todo esto, pero creo que los estudiantes aprecian esta forma de hacer las cosas. La clave está en el compromiso. Aunque doy muchísimas más clases que mis colegas que están al mismo nivel científico, la labor docente es lo que me permite estar en contacto con alumnos brillantes».[44]

Profesor vocacional, entregado a sus discípulos, le «roba» un tiempo al investigador que al final revierte a favor de ambas responsabilidades. «Mis alumnos viajan al futuro los tres primeros días de clase, tomando como referencia unas bases fundamentales que les permiten seguir el discurso. A partir de nuestro conocimiento actual, les planteo lo que no sabemos, lo que nos tiene atascados. Con lo que tenemos hoy y lo que ellos hagan, progresaremos. La docencia tiene que ser una invitación a contribuir.» Docencia e investigación, almas gemelas, perfectamente complementarias en la jornada de López Otín. Su distribución del tiempo rezuma consistencia, orden, equilibrio y coherencia. No es casualidad que enseguida percibas un hombre sereno, feliz, concentrado, con el que

---

44. Álvarez de Mon, Santiago, y Flores Alonso, Juan Enrique. Caso de Investigación del IESE, DPO-393, *Carlos López Otín: el espíritu de un investigador*, junio de 2016.

Fijando las prioridades

parece que el tiempo se detiene. En su compañía te sientes como si fueras el único interlocutor.

En aras de concretar un poco más, de acercar el análisis a su realidad, permítame que lo interpele directamente, estimado lector. ¿Cuáles son las «guardias» de su carrera? ¿Los «pacientes» que atender? ¿Las «clases magistrales» de su vida? ¿Los «alumnos» que debe interpelar y empujar? ¿Cuáles son las actividades que constituyen el núcleo central de su puesto de trabajo? ¿Las decisiones que le competen estrictamente a usted? ¿Las tareas que debe realizar, solo o acompañado? ¿Sus compromisos y deberes ineludibles? ¿Aquellos trabajos que, si delegara, estaría derivando en una abdicación preocupante, en una dejación de sus funciones? ¿Qué cabe que la organización a la que se debe espere y exija de usted? En definitiva, ¿cuál es su responsabilidad, última, personal e indeclinable?

Hechos los deberes sobre la lista de cosas y tareas que llevar a cabo, repasada su carga intransferible de trabajo, me enfrento a la segunda cuestión. Por su singularidad y naturaleza escurridiza, merece que pase la página y abra un capítulo aparte.

3.
Aligerando la mochila

«Me conmueve profundamente el ofrecimiento de nuestro Estado de Israel, y al mismo tiempo me entristece y avergüenza no poder aceptarlo. Durante toda la vida me he ocupado de cuestiones objetivas. En consecuencia, carezco tanto de las aptitudes naturales como de la experiencia necesaria para tratar de manera adecuada con las personas, así como para ejercer funciones oficiales. Por estos motivos, y solo por ellos, no estoy capacitado para cumplir con las obligaciones de un alto cargo oficial, sin contar con que el avance de la edad hiciera nuevos estragos en mis fuerzas. Soy el primero que lamenta estas circunstancias, porque mi relación con el pueblo judío se ha convertido en mi vínculo humano más fuerte desde que tomé plena conciencia de la precariedad de nuestra situación entre las naciones del mundo. Hace pocos días que hemos perdido al hombre que, en condiciones adversas y trágicas, llevó sobre sus espaldas durante muchos años la carga de dirigir nuestros esfuerzos

Mi agenda y yo

en pro de la independencia. Espero de todo corazón que encontremos a la persona que, por su trabajo en la vida y su personalidad, se atreva a asumir esta tarea tan difícil y cargada de responsabilidad.»

ALBERT EINSTEIN

Primera entrevista formal de un proceso de *coaching*. Enfrente de mí, reunidos en su despacho, el director general de una empresa de biotecnología. Dos horas largas de reunión grata y productiva. Después de repasar los pasajes más importantes de su biografía, los hitos de su fecunda historia personal, le pregunto sobre los principales objetivos de mejora que deben inspirar nuestra colaboración. Suspiro hondo, silencio expectante, hurga en su interior y enseguida me explicita el primero de ellos: «Tengo que aprender a decir que no. Por hache o por be voy diciendo que sí a todo el mundo, adquiriendo compromisos de todo tipo, y mi tiempo no es un chicle que se pueda estirar hasta el infinito». Directivo abierto, asequible, las puertas de su oficina permanecen abiertas para todo aquel que quiera verlo. Lo que en principio es una fortaleza de su estilo de dirección, llano, cercano, *casual*, informal, muy horizontal y participativo, acaba degenerando en una sutil debilidad.

No todos administran bien esa posibilidad. Algunos colaboradores, los menos, llevan asuntos delicados que en un determinado momento del proceso de decisión precisan de su intervención o visto bueno. Selectivos, seguros de sí mismos, maduros, autónomos, capaces, solo recurren al jefe por

Aligerando la mochila

excepción. Otros profesionales, los más, abusan inconscientemente de su generosa disponibilidad. Para cotejar unas dudas, para quejarse de alguna traba burocrática, para protegerse bajo su manto si el futuro descarga tormenta, para lucir un éxito personal o, sin más relevancia, para comentar cualquier incidencia externa o interna. Lo cierto es que las visitas se suceden con una cadencia que va *in crescendo*. Con una agenda interna tan cargada, y todavía no hemos comentado nada de sus responsabilidades institucionales como primer ejecutivo de la multinacional en España, el tiempo dedicado a pensar sobre el futuro, sobre los grandes peligros y oportunidades que afectan a la industria en general y a su empresa en particular brilla por su ausencia.

Sincero y humilde, ya lanzado, me confiesa con naturalidad: «Sospecho que detrás de mi reticencia a decir que no, de mostrarme amable con todos, se esconde una aversión personal a enfrentarme a los conflictos que ineludiblemente surgen en las organizaciones. Reacio a las disputas y los enfrentamientos, propio de personas leales e independientes, no soy capaz de extraer de ellos la fuente de energía y creatividad que atesoran». Hombre de consensos, abanderado convencido de la necesidad de trabajar en equipo, sus problemas para decir que no, dar un puñetazo en la mesa y fomentar que cada profesional de la casa se apropie de sus desafíos y tareas revierten en contra de una filosofía que para sumar necesita aunar distintas inteligencias y voluntades. El diagnóstico está hecho, no hay necesidad de extenderse demasiado. Él tiene clarísimo dónde está el nudo gordiano.

Mi agenda y yo

Obviamente, antes de despedirnos, le pongo deberes que revisaremos en nuestro próximo encuentro. Plan de acción: como mínimo, una vez a la semana, ha de decir un no sustancial, de calado. A la suegra, bromeamos juntos, al jefe, al centro corporativo mundial, que no para de pedir informes intrascendentes, a un colaborador difícil y díscolo pero muy rentable, a un subordinado pelota que lo abruma con elogios, etcétera. El destinatario del no, siendo de cierta envergadura, es lo de menos. Lo que importa es dar el paso, verse a sí mismo en territorio enemigo, observando las reacciones propias y ajenas, examinando sus sensaciones. Convenimos en que, si avanza en la dirección correcta, el tráfico de personas que desfila por su oficina (esta va a permanecer abierta) debería perder en cantidad y ganar en calidad. Semanas después, apalancado en la acción, familiarizándose con los sentimientos y las emociones que decir que no acarrea, viendo que no pasa nada, al menos que sea grave, se siente mucho más liberado. Todavía le cuesta, hay barreras invisibles, pero los avances son evidentes. Saboreando una soledad reconquistada, ahora no es raro verlo enfrascado en sus pensamientos y planes estratégicos. Además, les saca mucho más partido a las relaciones personales.

Convendrá conmigo en que este director general es uno más, que no es un bicho raro que se enreda en ciertas dosis de inseguridad personal y compensa esta buscando la aceptación de los demás. Y qué mejor instrumento para lograrla que un sí extendido a diestro y siniestro. Todos agradecemos la presencia a nuestro alrededor de personas expansivas

Aligerando la mochila

y generosas naturalmente predispuestas a decir que sí. ¿Me echas una mano?, ¿me haces un favor?, ¿puedo contar contigo?, ¿estarías dispuesto a...?, son peticiones o sugerencias que cuando escuchan un sí por respuesta se agradece enormemente. El sí supone servicio, ayuda, actitud, compañerismo, trabajo, esfuerzo, generosidad, amabilidad, unión, y un montón de vínculos y valores. Dicho esto, hay que recalcar que una respuesta afirmativa gana enteros y credibilidad si a su lado vive la posibilidad de decir que no. Vocablo rotundo, cerrado, firme, exclusivo, puede significar una escasa inclinación para la empatía y la complicidad con los demás. Sin embargo, puede ser sinónimo de independencia, libertad, sinceridad, carácter y personalidad. Saber decir un no justo, oportuno, fundado, es un arte que pocos practican. El caso de Albert Einstein renunciando a la presidencia de Israel, la anécdota real con la que encabezo este capítulo, es ciertamente insólita y excepcional. Revela un alto grado de honestidad, inteligencia y autoconocimiento. Un sí puede ser el atajo fácil para ganarnos a nuestros interlocutores, y un no la forma segura de sentar las bases de una relación madura y equilibrada. No a esa promoción que llega demasiado pronto o que me pone en una tesitura en la que mis carencias y discapacidades serían manifiestas. No a una oferta millonaria que trastoca mis planes de vida y es un tanto incongruente con mi trayectoria profesional. No a proseguir por una ruta en la que voy tropezando y en la que insisto terca y vanidosamente para resarcirme de un tortazo pasado. No a ocupar un puesto para el que no tengo los conocimientos y los talentos requeridos. No a un halago envenenado, el elogio interesado nos ablanda y estupidiza. No a decidir por alguien incapaz de saltar al vacío y que vive atrapado en una indecisión patológica. No a dar consejos que no nos piden, o si lo hacen, torpedean los progresos de los demás hacia la madurez. No a proteger a la gente, generando relaciones de dependencia impropias de personas inteligentes y aptas. No a un chantaje intolerable, primer paso en una carrera suicida. No a una minitrampa que con el tiempo se transformará en quiebra moral. Etcétera. La compañía alternativa del no, lejos de aislarnos y empobrecernos, completa y complementa los síes de nuestra vida, prestigiando su calidad y valor.

Otro caso. Distinto sector, diferente perfil personal y causa explicativa, pero parecida tendencia enfermiza. Me largo a Estados Unidos. Presidente y consejero delegado de una empresa que opera en varios continentes. Repasando su agenda en el transcurso de la segunda entrevista del proceso, produce auténticos quebraderos de cabeza. Exprimida hasta límites insospechados en su vertiente profesional, su vida familiar y personal (disfruta del cariño incondicional de los suyos) empieza a resentirse. Hombre hogareño y servicial, lamenta sinceramente el desorden de sus días. Comités, reuniones, viajes, correos, visitas a clientes haciendo de primer embajador, consejos de administración, relaciones sociales y políticas, competencia, fondos de inversión, relaciones con bancos, etcétera. Las convocatorias y las obligaciones se amontonan ininterrumpidamente en una agenda que apenas deja resqui-

Aligerando la mochila

cios para interrogarse sobre su propósito y sentido. Echando un vistazo rápido, pronto reclama mi atención la cantidad de horas dedicadas a intervenir en diferentes foros, conferencias y jornadas institucionales. Buen comunicador, dominio fácil de la tribuna, maestro en el uso de la palabra, cabeza visible de la empresa, carácter extrovertido que se retroalimenta en sociedad, es natural que todos esos factores conduzcan a que este ejecutivo represente a menudo a la organización.

Siendo lógica e inherente a la presidencia esta responsabilidad social, dos elementos suscitan mis dudas: el número de intervenciones públicas –sean externas a la compañía o internas, en las que se dirige a un público de colaboradores– y el tiempo habilitado para su preparación. Sobre la primera cuestión le planteo dos interrogantes: a toro pasado, visto el coste de oportunidad que toda decisión conlleva, no tenemos el don de la ubicuidad, ¿en cuántos de los acontecimientos de referencia debería haber estado presente la empresa? ¿En todos, en el 80 %, en el 50 %? No le cuesta reconocer que nada habría pasado si las invitaciones formuladas hubieran sido rechazadas en un porcentaje cercano a la mitad.

Segunda pregunta: ¿por qué ir como ponente? ¿Candidatos alternativos? ¿Quién podría haberlo suplido, respetando la naturaleza del acto, el prestigio de la institución convocante y el rango de compañeros de exposición? No le importa admitir que en al menos un tercio de sus intervenciones alguien de la casa podría haber desempeñado ese papel. Amén del componente motivacional para el sustituto que se enfrenta a un reto nuevo, con los grados de visibilidad y reconocimiento que comporta, el impacto sobre su agenda, aligerándola sensiblemente, no es cuestión menor.

En relación con el segundo factor, hombre serio, responsable, culto, él mismo prepara sus conferencias, las escribe de su puño y letra. Celo profesional, cualidad indudable, no le gusta delegar todo aquello que tenga que ver con el contenido y la forma de sus apariciones públicas. Respetando y apreciando actitud tan escasa –sobran ponentes que leen discursos desconectados y aburridos, escritos por otros–, y aprovechando que tiene sus mensajes muy interiorizados, lo invito a exponer sin necesidad de leer la totalidad del texto. Salvo en aquellos foros donde la liturgia exija mucha pompa y formalidad, que se atreva a hilvanar las ideas centrales de su línea argumental, bien aderezadas con ejemplos cotidianos de la vida, y que todo lo más se acompañe de una pequeña chuleta. Seguro y solvente en territorios donde otros se ahogan, recibe de muy buen grado mi sugerencia. Meses después, anotada una mejoría evidente en su otrora desequilibrada distribución horaria, me reconoce que era su ego, cómodo, suelto y aclamado en estas instancias, el que llevaba las riendas de su agenda. A veces puede resultar más fácil y atractivo dirigirse a una audiencia más o menos multitudinaria que encarar a un colaborador desafiante, profundizar en la relación con un cliente o retirarse un día para repensar un problema difícil. Sin mala fe podemos vernos envueltos en una rutina con escaso valor añadido, pero que responde a los patrones convencionales que se espera de altos ejecutivos.

Aligerando la mochila

Solo desde una agenda holgada, con huecos, se puede responder a las demandas y sorpresas de un mundo cambiante. Una agenda apretada al máximo, asfixiante, anula la flexibilidad y la rapidez requeridas. Y, obviamente, no hay manera de reordenar y descargar la agenda sin dedicar a esta lista de noes pendientes un tiempo valioso. Apunto algunas preguntas. ¿En cuántos comités participa? ¿Pasaría algo si eliminara un número de ellos o si invitara a alguno de sus colaboradores a asistir en su lugar? ¿Consejos de administración? Órgano de gobierno especialmente proclive a hacer un uso inoperante del tiempo, falta de rigor, puntualidad, información, conocimiento de los entresijos del negocio, independencia, debate, seguimiento de los temas…, y sobran muchas de las cosas que se pegan en las altas instancias de las organizaciones. ¿Frecuencia y utilidad de sus convocatorias? Otro apartado sospechoso: ¿cuántas horas pasa reunido en una semana normal? ¿A cuántas reuniones es convocado? ¿Cuántas convoca usted? ¿Cuál es su carácter? ¿Ejecutivas, decisorias, meramente informativas? ¿Agenda? ¿Convocados? ¿Tiempo habilitado para su desarrollo? ¿Puntualidad en el comienzo, en el final? ¿Lugar, duración, momento del día, de la semana? ¿Preparación requerida? ¿Información previa? ¿Contenido? ¿Prima el debate y el intercambio de pareceres y puntos de vista, antes cada profesional ha hecho sus deberes de estudio, o prevalecen exposiciones unilaterales que consumen el grueso de la reunión? ¿Ritmo y cadencia? ¿Conclusiones que se alcanzan? ¿Labor de seguimiento? ¿Actas levantadas? ¿Dónde se sitúa la responsabilidad? ¿En los hombros de cada profesional y a partir de este compromiso personal se comparte o se diluye en un plural abstracto e indefinible?

Toda esta cascada de preguntas solo tiene una finalidad: sacarle más partido a una práctica extendida por todas las empresas, reunirse, que, por su arraigo y naturalidad, roba a los profesionales un tiempo precioso. Parto de una premisa. En una organización seria y adulta, hay una alternativa a reunirnos, que es seguir trabajando en lo que nos traemos entre manos. Si se me convoca o convoco a una reunión es para conseguir unos objetivos que solo no puedo alcanzar. Alumbrar otros puntos de vista, cultivar una filosofía que fomente la diversidad y la creatividad, conocernos mejor, desarrollar un espíritu de camaradería y comunidad, de verdadero trabajo en equipo, entrenar a los directivos en una visión transversal de los proyectos de la empresa, mejorar las habilidades de comunicación, trabajar en los valores que hacen grandes a los equipos (humildad, confianza, respeto, solidaridad, sinceridad, autenticidad…), etcétera, serían algunos de estos. El futuro no es de los llaneros solitarios que se creen y sienten autosuficientes. Pertenece a aquellas instituciones que consigan equilibrar la dimensión de equipo y todo lo que conlleva en término de cualidades colaborativas, con las aspiraciones y los sueños más sublimes de un yo misterioso y genuino.

A estos efectos, como recomienda Phil Jackson, el entrenador más laureado en la historia de la NBA, en su último libro, *Eleven rings*, «*bench the ego*».[45] Los egos engolados y

---

45. Jackson, Phil. *Eleven Rings*. Nueva York: Penguin Press, 2013.

narcisistas de los que hablé en la introducción, al banquillo, si no quiere que devoren la salud y la energía de un equipo cohesionado. Pues bien, precisamente para crear y consolidar una cultura corporativa interesada en trabajar y aprender juntos, en hacer un uso inteligente del tiempo compartido, todas y cada una de las reuniones incrustadas en los horarios habituales, instaladas en la psique organizacional, deberían ser radicalmente revisadas. Y solo aquellas que desprendan un tufillo a liderazgo y excelencia, mantenidas. Usando una metáfora gráfica, haga como los arquitectos cuando se enfrentan a una remodelación completa de un inmueble. Salvo los muros de carga, las vigas maestras que sostienen toda la estructura, el resto, demolido. Tabiques frágiles e innecesarios, fuera. Ambiente nuevo, diáfano, transparente, sin *a prioris*. Es el tiempo de una redistribución nueva que invita a la convivencia. Lo mismo con las reuniones. Canceladas, kilómetro cero. Y las que tengan que ser, serán. Pruebe un día sin reuniones. Tenga el coraje de enfrentarse a esa experiencia. Le revelará muchas cosas sobre su empresa y sobre usted.

Recupero mi listado de posibles noes. Ese viaje a punto de emprender, ¿es necesario? En caso afirmativo, ¿puede ir otro? Esa visita a un cliente importante, ¿requiere su presencia? ¿Solo, acompañado? ¿Y el papel del director comercial? Esa entrevista en un medio de comunicación, ¿entronca con la historia y la cultura de la firma o acapara una visibilidad contra natura? Otro agujero habitual por el que se pierden minutos de oro: ¿cuántos almuerzos de trabajo tiene al mes? ¿Cenas? ¿Extensión, productividad, al margen de la batalla con la báscula que provoca? ¿Cuál es la última vez que comió en el restaurante de la empresa, mezclándose con el resto de los profesionales?

Un agujero profundo y oscuro por el que se cuelan y desperdician horas muy valiosas: internet. En *Deep Work*, Cal Newport recoge, entre otros, el testimonio de Jason Benn. Originario de Virginia, consultor financiero, temeroso de ser perfectamente reemplazable por el desarrollo tecnológico, decidió convertirse en programador informático. Ni idea de escribir código, tenía que prepararse a conciencia, estudiar a fondo. Y en este punto se dio de bruces con la realidad. «Estaba siempre conectado a internet, comprobando mis *e-mails*. No podía parar, era compulsivo. No podía concentrarme.»[46] Poco a poco, de modo gradual, cotidiano, inconsciente, inocente, se hizo adicto a saltar de un sitio a otro de la red. Animales de costumbres, nunca ponderaremos lo suficiente la importancia de desarrollar hábitos sanos, tendemos a despreciar la influencia negativa de hábitos nocivos. Y la tecnología, para muchos, se ha convertido en un dios que adorar, en el nuevo ídolo. Si no podemos reinar sobre ella, maravillosa herramienta de conocimiento, aprendizaje y comunicación, se convertirá en una poderosa y pegajosa tiranía virtual. Si no soy capaz de apagar móviles, tabletas y demás instrumentos a mi alcance, mejor no encenderlos. *On-off* es un binomio mucho más enriquecedor e inteligente que la dictadura física y emocional del *on* permanente. Ahí se encontró atrapado Benn, como tantos hombres y mujeres de hoy.

---

46. Newport, Cal. *Op. cit.*

Aligerando la mochila

¿Tiempo estimado de conexión tecnológica en el transcurso de una jornada habitual de trabajo? ¿Formatos utilizados? ¿Mantiene los dispositivos apagados? ¿Cuándo? ¿Dónde? ¿Por qué? ¿Tiempo transcurrido en las redes sociales? ¿Diálogos constructivos o choque de trenes? ¿Expresión natural de su personalidad o tribunas tentadoras para su ego? ¿Posible régimen de adelgazamiento virtual? ¿Primeros candidatos a desaparecer, o al menos disminuir su dictadura? ¿Pasaría algo si se desenchufara por momentos? ¿Tendría mono? Si es así, ¿qué le dice este de su autonomía e independencia? ¿Medidas que tomar para recuperar el control? Si la sabiduría popular dice que en el término medio está la virtud, ¿cómo encontrarlo y protegerlo?

En lo más hondo de muchos de los interrogantes planteados subyace una paradoja escurridiza. Algunas de las personas que he conocido a lo largo de mi trayectoria profesional que tropiezan con más dificultades en la gestión del *not to do list* son extraordinariamente capaces, trabajadoras, comprometidas y responsables. Celosas de su trabajo, amantes del detalle, técnicamente impecables, sus virtudes, por exceso, devienen en puntos débiles, en carencias que les impiden progresar a ellas y a los que les reportan. Me acuerdo hace tiempo del socio director de un despacho de abogados. Volcado en el servicio a los clientes, jurista solvente, sus nuevas responsabilidades de gestión lo obligaron a modificar su estilo. Acostumbrado a redactar él mismo muchos dictámenes, a revisar todo aquello que firmaba, se vio obligado a delegar estas y otras tareas para liberar un tiempo necesario para el gobierno de la firma. Fácil de entender, difícil de hacer. Hombre de acción, no hacer era un potro de tortura. Delegar y sus razones —agilizar la toma de decisiones, desarrollar el talento de los profesionales, instruirlos en la responsabilidad personal, exprimir su potencial, planificar sus carreras reteniendo a los más preparados, institucionalizar procesos de aprendizaje, eludir la tentación de saberse imprescindible, utilizar mejor el tiempo, atender cuestiones estratégicas vitales…– lo comprendía perfectamente, pero de ahí a ejecutar su plan de mejora podía mediar un buen trecho.

Perfeccionista hasta límites insospechados, adolecía de poca paciencia con los errores ajenos. Aducía que no tenía tiempo para esperar a sus colaboradores, y era más bien al contrario. Porque no delegaba en ellos, porque no invertía tiempo en su desarrollo y formación, se había convertido en un involuntario cuello de botella. Un punto desconfiado, esta actitud defensiva complicaba aún más el asunto. Humilde y honrado, con el tiempo lo consiguió. Delegar, soltar, confiar, dar *feedback*, entrenar, se convirtieron en nuevos verbos de su paisaje mental, favoreciendo a unos y otros. El más beneficiado, él mismo. Apoyado en su equipo se dedicó a las funciones propias de su cargo y condición. Además de ser un gran abogado, dirige a un elenco de profesionales competentes desde la *autoritas* personal de su liderazgo.

¿En qué otros tipos de empresas o ambientes me he encontrado con correosos nudos marineros en la gestión de una lista variada y sutil de noes? Salvando las distancias de cada ejemplo, sin incurrir en generalizaciones injustas e infundadas, la empresa familiar puede ser candidata natural a una inflación de hacedores, hombres de acción, especialmente en primera generación. Fundador, inspirador del proyecto, dueño, conocedor profundo de los entresijos del negocio, comprometido con el cliente, todo se confabula para trabajar a conciencia. En ocasiones la empresa se convierte en la extensión natural de su personalidad, es su pasión, un modo de vivir. Energía, ilusión, optimismo, su olfato e instinto naturales, inefables a la ortodoxia del *management*, lo llevan a acertar muchas veces en un proceso decisorio más intuitivo que racional. Algunos de los logros se deben a un estado de «ignorancia» y osadía rayano en la temeridad. ¿Tendencia natural de emprendedores así? Febrilmente activos, oler, apostar, visualizar, probar, hacer, decidir, parir, ejecutar, aprender, crecer, vigilar, revisar, etcétera, son algunos de sus verbos preferidos.

Un segundo estadio de una historia de éxito requiere otras virtudes. Si se trata de consolidar el proyecto empresarial, y esto pasa por tener preparada a la siguiente generación, ¿qué aptitudes y actitudes exige un relevo más o menos gradual? No es fácil ser el hijo o la hija de, y si este padre es arrollador y deslumbrante, su sombra puede ser muy alargada. Solo retirándose un poco, dejando espacio a nuevos miembros de la familia, a los profesionales que con ellos trabajen, se estarán sentado las bases del próximo ciclo organizacional. El capítulo empresarial actual del libro familiar, habiendo arrancado con una idea o producto, con una visión o fogonazo, versa sobre la confección de equipos humanos preparados para recoger el testigo. El empresario de turno deberá contemplar la posibilidad de frenar la marcha y recurrir a la señal de *stop*. Como señalaba el gran Peter Drucker, todo directivo que se precie, antes de decidir o hacer algo, debería plantarse en la señal de *stop*, y pensar antes de actuar si ese problema o encargo tiene que resolverlo él. A veces esa parada inicial puede resultar estratégica.

Conozco bien a empresarios que habiendo sacado sobresaliente en la etapa fundacional del proyecto, están cursando con buena nota las asignaturas referidas a las fases posteriores. Esto implica una reestructuración en profundidad de sus deberes y responsabilidades, una revisión de su agenda ejecutiva, poniendo el énfasis en un estilo de delegación que incluso hasta les permita ser relegados a la condición de prescindibles. Doctorados *cum laude*, ese sería el culmen de una intensa vida profesional. La empresa y la familia se lo agradecerán eternamente. También sé de empresarios que tienen aparcada *sine die* esta delegación de tareas. Habituados a mandar, a decidir por sí mismos, dejar de hacer las cosas que los han traído hasta aquí les cuesta horrores. Lo que no saben es que esos hábitos y dependencias no los llevarán más lejos.

El mundo de las *start-up* también se presta a pecar por exceso. Un clima trepidante, la era digital, el aire de lo nuevo, un halo de aventura y riesgo, una incertidumbre que se cuela por todos los rincones del frágil retoño empresarial, multitud de trabajo que realizar –al que se le caigan los anillos está perdido–, escasez de recursos, flacidez financiera, exigente horizonte temporal…, ahora o nunca, a por todas, a desempeñar las tareas que sean menester. Pudiendo ser así los comienzos,

Aligerando la mochila

con el tiempo habrá que hacer algo para que no se perpetúe un estilo válido para una época determinada, pero limitante para otras que habrá que seguir escribiendo.

Repensando las cualidades de profesionales activos, listos, rigurosos y detallistas, dejar un sitio a los demás para que estos crezcan y ellos dejen de ser imprescindibles –condición inconscientemente lograda– no es fácil. Su tendencia natural los empuja a la acción, a estar *in situ*, presentes, gobernando la situación. A veces un susto, una enfermedad de un ser querido o quejas de un organismo gastado, animan a elegir una ruta menos febril y activista. De perseverar en el empeño, todos acaban ganando.

Recapitulo un poco. Habiendo reflexionado en el capítulo anterior sobre las decisiones, funciones, relaciones y responsabilidades consustanciales a mi posición ejecutiva en la empresa, habiendo meditado sobre la lista de cosas que tengo que dejar de hacer –los noes que arropan a los síes–, me intereso ahora por la batería de los retos y los deberes que tengo aparcados. Son los problemas, las oportunidades, los encargos, las iniciativas, las necesidades, los estudios, las relaciones, etcétera, que deberían merecer más atención por mi parte. En ellos habría que invertir más tiempo y dedicación, ahora que se dispone de los huecos de tiempo dejados gracias a un novedoso y liberador entrenamiento en la práctica de decir que NO.

4.
Protegiendo lo importante

«Lo que tengo que hacer es todo aquello que me conviene, no lo que la gente cree. Esta regla, tan difícil en la vida práctica como en la intelectual, puede servir para establecer una distinción completa entre la grandeza y la mediocridad. Es muy difícil de seguir, porque siempre hallaréis personas que creen saber cuál es vuestro deber mejor que vosotros mismos. Es fácil vivir en el mundo según la opinión del mundo; es fácil vivir en la soledad según la propia opinión; pero el hombre grande es el que en medio de la muchedumbre conserva con perfecta dulzura la independencia de la soledad.»

RALPH WALDO EMERSON

En su último trabajo, *Triggers*,[47] Marshall Goldsmith se detiene con buen criterio en cuatro verbos decisivos para la buena marcha de cualquier organización que aspire a renovarse y

---

47. Goldsmith, Marshall. *Triggers*. Nueva York: Crown Business, 2015.

cultivar lo mejor de sí misma. El primero de ellos, PRESERVAR, tiene un marcado aroma conservador. Evidentemente utilizo este término sin ninguna connotación peyorativa. Este cuadrante vendría a ser el conjunto de saberes, de tradiciones, de valores, de prácticas cotidianas, de conocimientos y de destrezas. Sería el acervo intelectual, afectivo, moral, acumulado durante años, que la prudencia aconseja proteger con mimo y gratitud. Pongo un ejemplo que me resulta muy cercano. La *business education* de hoy tiene que plantearse muy seriamente cómo capitalizar los inmensos recursos tecnológicos de los que disponemos, hacer buen uso de ellos, llegando a mucha más gente y a precios competitivos. Sin embargo, deberá preservar como tesoro oculto la esencia del empeño educativo, el alma de la relación profesor-alumno. Sobre este dúo mágico, el profesor también se sabe y se siente alumno, de ahí su empatía y pasión, las cosas permanecen inalterables. Si el objetivo es despertar los talentos del educando, forjar su carácter, practicar valores sublimes, desarrollar su propio pensamiento crítico, protegiéndose de los excesos de la multitud aborregada, Sócrates y su desequilibrante e incisiva mayéutica sigue siendo un referente pedagógico de incalculable valor. En una educación para el siglo XXI, lo nuevo y lo viejo se entreveran para dotar al ser humano de un imprescindible equipaje vital.

ELIMINAR, segundo verbo en la lista de Goldsmith. Discreto, gris, sin mucho *glamour*, silencioso, sencillo, es fácil minimizar su trascendencia e impacto. ¿Qué peso tiene lo superfluo en nuestras vidas, en nuestras carreras profesionales? ¿Distancias jerárquicas, *reunitis* aguda, papeleo burocrático, incontinencia de correos y chats, presentaciones PowerPoint con sabor exhibicionista, inflación de políticas de dirección incapaces de enganchar y comprometer a los profesionales de la empresa, seguimientos formales del centro corporativo, sofisticación innecesaria de estructuras y políticas de gobierno...? Como en otros aspectos de nuestra vida —puede que nos sobren horas de televisión, de internet, exceso de comida y bebida, vestuario...–, el menú de opciones para aligerar nuestra mochila y solo proveernos de lo imprescindible para el viaje puede ser rico y variado. No recuerdo quién escribió que ser rico es tener más de lo que se necesita. En una sociedad consumista en la que la publicidad trabaja arteramente nuestro hígado, despertando todo tipo de apetitos y necesidades artificiales, abundan los «pobres» insatisfechos y frustrados, en permanente comparación con el vecino. Una mentalidad sobria, austera, frugal, realista, en un mundo que se pierde con facilidad en el oropel y lo vistoso, vale su peso en oro.

Tercer infinitivo, ACEPTAR. Muy diferente a la resignación pasiva, a dormirnos en los laureles e instalarnos en la autocomplacencia, bien entendido destila madurez, humildad y conocimiento sincero de nuestras posibilidades y de nuestros límites. A mí me encantaría jugar al tenis como Federer o Nadal, pero el sentido común me dice que va a ser que no. Eso no quita que disfrute jugando como *amateur* intentando mejorar mis golpes más flojos. Caso palmario, evidente, fácil de reconocer, no lo es tanto en otros ámbitos de la vida. Pongo un ejemplo del ámbito profesional bien próximo a mi situación. El nombramiento del director general del IESE, de nuestro decano. Requerida por el rector de la Universidad de Navarra la opinión de los profesores más séniores –consulta libre, sincera, elegante, no vinculante–, el procedimiento es muy distinto al seguido en las *business schools* norteamericanas, este es mucho más participativo. En el frente de problemas y desafíos de mi agenda profesional, ¿gasto energía y tiempo en proponer revisar y actualizar un método que ha venido funcionando bien durante años, respetuoso de la idiosincrasia de la casa, de su historia y cultura, o me reservo para otras batallas aceptando de buen grado el modelo seguido por la escuela? O aprendemos a ser selectivos y elegimos bien los temas que merecen nuestra atención y esfuerzo o introduciremos gratuitamente ruido y tensión en un sistema que necesita precisamente lo contrario. Como reza la oración de mi querido y admirado san Francisco de Asís: «Dios mío, dame la paciencia para aceptar lo que no puedo cambiar, el carácter para afrontar lo que sí puedo y la sabiduría para discernir». Si hiciéramos caso al *poverello* de Asís, nos iría mucho mejor. Este asunto que me quita hoy la paz, ¿qué importancia tendrá dentro de unas semanas? No sabemos relativizar, respetar la verdadera jerarquía de las cosas y los sucesos que nos pasan. ¿Tengo que esperar a llegar al futuro para dejar de pelearme con el presente?

Cuarto y último verbo, el que cierra el círculo: CREAR. Probablemente el más visible y gratificante. Introducir nuevas conductas que con el tiempo se convertirán en hábitos, desarrollar grupos de trabajo que ataquen el desafío urgente de la innovación, dotar a la organización de un nuevo sistema de retribución, diseñar un puesto de trabajo sin precedentes en la compañía, incorporar un fichaje novedoso, etcétera. También en el plano personal hay margen amplio de mejora. Es el lado más productivo del ser humano, su rostro más emprendedor y aventurero. Miguel de Unamuno, en un ensayo hermoso, *Adentro*, escribe a un discípulo: «La locura de hoy es la cordura de mañana».[48] Historia fértil de la humanidad, liderada por los locos valientes de su tiempo que hoy son reconocidos como cuerdos, sanos y sabios.

Aplicada esta reflexión a la gestión de nuestro tiempo, a la apertura de ventanas en una agenda que luce cerrada, asfixiante y prieta, voy a valerme de un ejemplo frecuente en mi vida profesional. No es que quiera barrer para casa, solo capitalizo mi experiencia trabajando con profesionales de talla en mi condición de profesor de IESE. A menudo mujeres y hombres inquietos por su formación, sensibles a las demandas crecientes de una economía global y competitiva, conscientes de sus carencias y limitaciones, ponen en su radar volver a las aulas, a las añoradas pizarras de nuestra infancia, a los pupitres repletos de apuntes, lápices, gomas de borrar, libros y deberes. Muestra selectiva de la sociedad, su inquietud y afán por darle un empujón decisivo a su bagaje de conocimientos, habilidades y valores rivaliza con otros requerimientos vitales. Sus responsabilidades ejecutivas, la

---

48. Unamuno, Miguel de. *Obras selectas*. Biblioteca Nueva: Madrid, 1997.

Mi agenda y yo

espada de Damocles de la cuenta de resultados, el estilo del jefe, las prácticas horarias de la empresa… apenas dejan sitio para un tiempo y un espacio dedicados a la formación. Hasta parece un lujo innecesario, un órdago a lo grande. Si además se suman otros perfiles del candidato –personales, familiares, sociales…–, se antoja casi imposible liberar un tiempo para estudiar los casos asignados cada semana y para acudir puntualmente a la escuela. ¡Seis meses de programa! ¡Una tarde y una mañana a la semana! ¡Doce horas de estudio mínimo individual, en casa, en la oficina, sábados y domingos como grueso de ese esfuerzo previo individual! ¡Imposible! ¿De dónde saco el tiempo?

Después de conocer a miles de profesionales con inquietudes similares, intentando compaginar diferentes criterios de decisión que pueden colisionar entre sí, siempre alcanzo la misma conclusión. El tiempo no es el problema. Excusa manida, si de verdad se quiere acometer ese desafío formativo, acurrucado entre un montón de actividades y supuestas prioridades que tienen el aire de simulacro ejecutivo, se encuentra. Una vez enfrascados en la aventura es gozoso observar cómo el tiempo se estira y ensancha, cómo son capaces de robar minutos valiosos de estructuras organizacionales y mentales fosilizadas. Puente aéreo, viajes en el AVE, visitas al médico, despertar matinal mientras la familia duerme, mediodías frugales en el despacho como alternativa a comidas copiosas y ruidosas, lectura preliminar de la carga semanal en lugar de horas enfrente de la caja tonta…, la imaginación, al poder. Si uno quiere, el tiempo se encuentra, porque, de hecho, existe. Solo se necesita una reorganización clara de los distintos frentes abiertos.

En general he observado una curiosidad llamativa. Los que hacen más cosas, los que viven más intensamente, los que más retos se plantean, en definitiva, los más activos, los más hambrientos de saber, son lo que más tiempo tienen. Y en sentido contrario, los más acomodados en una rutina anodina, los más hechos a una mentalidad burocrática, los que más aducen el factor tiempo para quedarse donde están, más se justifican en su rígido y estático examen. Al finalizar el programa de dirección –imagínese los programas de másteres, que se extienden durante un período de 18 meses– suelo preguntar a los directivos y empresarios participantes qué van a hacer con el tiempo que están a punto de recuperar. ¿Tropezarán en viejos hábitos y estilos de hacer? ¿Querrán volver a sentirse imprescindibles? Comento con ellos en tono jocoso que en su ausencia, mientras se afanaban en el estudio y en el intercambio en clase de ideas y experiencias, nada ha pasado, ninguna catástrofe se ha producido. Hasta los resultados son mejores. ¡Albricias, puedo ausentarme de la oficina, prepararme para el futuro, sin que pase absolutamente nada! Señal inequívoca de que algo estaremos haciendo bien. ¿Volverá ese tiempo invertido a la familia, tradicional víctima propiciatoria? ¿Consolidarán hábitos de lectura y estudio, ahora que se han hecho fuertes? Las opciones a las horas dedicadas al programa del IESE, o de la escuela de turno, son múltiples y variopintas. A efectos de mi argumento solo me interesa resaltar que siempre hay tiempo para lo que es importante.

Mi agenda y yo

Y si no, quizá no lo es tanto. Enfrentémonos a esa verdad regateada.

Antes de adentrarme en una hipotética lista somera de las cosas que debería hacer pero que no estoy atendiendo, ¿de qué se arrepiente el ser humano al final de su viaje? Salvo algunos cafres que primero disparan y luego piensan, la respuesta es abrumadora. En los repechos últimos del trayecto pesa muchísimo lo que no nos atrevimos a hacer. Aquella oferta de trabajo en el extranjero que no acepté por mi limitado inglés, por mi provincianismo. Aquella carrera «rara» que no estudié porque me faltó el coraje de ser distinto. Aquella vocación, llamada, que no seguí porque me oculté en lo convencional y previsible. Aquel proyecto que no emprendí porque me aferré a lo viejo conocido, al calor de una nómina por cuenta ajena. Aquel libro que solo escribí en mi imaginación, siempre dejaba la empinada cuesta del papel en blanco para mañana. Aquel silencio que no me atreví a romper, refugiado en el formulismo y protocolo de la opinión dominante. Aquella chavala de la universidad a quien no tuve el valor de expresar mis sentimientos…, y así, hasta el infinito.

Encrucijadas idealizadas del camino porque las carreteras no transitadas de este se cobran un peaje muy alto. Devengan intereses sin darnos cuenta. Entre la realidad repleta de encargos, deberes, obligaciones, y la alternativa mitificada, siempre gana esta. La comparación es injusta y odiosa por desequilibrada. Hechos, resultados, realismo en estado puro versus ensoñaciones que ya nunca podrán ser testadas. Un modo de no quedar atrapado en nostalgias consumidoras de

Protegiendo lo importante

brío e ilusión es intentar escuchar nuestra genuina voz interior. Por definición susurra, invita, balbucea, sugiere, por eso es fácil que sea ignorada en el coro de voces ajenas. Estas, expertas de lo ajeno, siempre tienen un consejo a mano. ¿Ha reparado con qué facilidad opinamos sobre los retos y los problemas de los demás, mientras nos ahogamos en los propios? ¿Con qué naturalidad y frecuencia prestamos atención al parecer de otras personas, recabando múltiples criterios y puntos de vista, mientras postergamos nuestra posición más personal y comprometida? No es fácil identificar y pulsar la calidad y originalidad de esa voz interior. Sin precipitarse y dejarse llevar por impulsos infantiles, a veces la única manera es probar, intentarlo, adentrarse en veredas estrechas que a lo mejor se abren más adelante.

En esta línea de indagación personal, esbozo algunos apuntes breves sobre cuestiones importantes que quizá no son atendidas porque todavía no se muestran urgentes ni impacientes. Van desde las responsabilidades más visionarias y futuristas de mi posición en la empresa, pasando por las claves generales de la sociedad, hasta las vertientes más personales. Todas ellas tienen en común que son importantes pero que todavía no se han convertido en urgentes. Por ese motivo tienden a ser aparcadas o ignoradas. Empezando por el trabajo, por las demandas y las exigencias de la carrera profesional, en el apartado más estratégico, hacer un poco de *benchmarking*. Salir fuera, observarlo todo, estudiar las tendencias del mercado, analizar lo que hace la competencia, preparar, en definitiva, la organización para un futuro que huele a presente amenazador. Un ejemplo. ¿Cuántos grupos multimedia estaban preparados cuando se presentó una crisis largo tiempo anunciada? Con analizar las estadísticas demográficas de la sociedad occidental, los hábitos de lectura de los más jóvenes, las implicaciones de una imparable e irreversible revolución tecnológica, se podían prever los problemas actuales del periódico impreso tradicional.

En el contexto de la geopolítica del *management,* ¿hacia dónde evolucionan las sociedades maduras? ¿Estado actual de la cuestión política, social? ¿Revolución tecnológica, inteligencia artificial, implicaciones en el futuro? ¿Era digital, efectos sobre nuestro negocio, sobre nuestro ocio? ¿Preservación del planeta, energía e innovación? ¿Pirámide poblacional, educación, salud? ¿Retos, peligros, oportunidades? ¿Dónde se sitúa el poder mundial? ¿Dónde luce mejor el futuro? ¿Globalización = estandarización? ¿Así de fácil? ¿Ámbitos de soberanía? ¿Supranacionales, nacionales, locales? ¿Papel del tradicional Estado nación? ¿Estados fallidos? ¿Nivel de preparación cultural para enfrentarme a un mundo en permanente proceso de cambio? ¿Curso, programa o plan de lecturas y estudio para suplir mi déficit de conocimientos? ¿Dominio de idiomas? ¿Suficiente? ¿Fluidez con el inglés, *spanglish*? ¿Tratamiento de choque si es el caso?

Este torrente incontenible de incógnitas sobre cuestiones en las que a corto plazo podemos influir bien poco, pero que acumulan en términos de incertidumbre y riesgo una fortísima carga de profundidad, con facilidad engrosan la lista de faena pendiente. Es un mundo global e interconectado, mucho más complejo y multicolor que el de los tiempos de la Guerra Fría, en los que dos superpotencias se disputaban el poder, Estados Unidos y la Unión Soviética. Ahora la vista gira hacia el este, donde un inmenso continente, Asia, aúna juventud, intensidad y una ética del trabajo fuertemente arraigada en la psique de su población. En algunas ciudades de Asia se percibe una vibración y energía que se echa en falta en la vieja Europa. ¿Rol de dos gigantes tan distintos, China e India? En el primer caso, ¿se completará una transición gradual de las reformas económicas emprendidas a la apertura política? En el segundo, en la mayor democracia del mundo, ¿seguirán conviviendo algunas de las cabezas mejor amuebladas y tecnológicamente punteras del planeta con un sistema de castas que relega a tantos a la pasividad y el fatalismo?

En el ámbito del mundo islámico, más allá de la crueldad y la locura de la barbarie terrorista, ¿para cuándo un proceso de ilustración dramáticamente retrasado? ¿Para cuándo un diálogo fecundo entre la razón y la fe? En Europa, sometida a desafíos inmediatos –el fenómeno de la inmigración, el envejecimiento de la población, el auge de los nacionalismos, el pulso sobre el *locus* de soberanía y poder, la crisis del Brexit, etcétera–, ¿cabe aún soñar con los Estados Unidos Europeos?

¿Y África, el continente negro? Rico en recursos naturales, ¿seguirá siendo explotado por las potencias extranjeras, esquilmado por las élites locales, refugio natural de las mentes más violentas, mientras las pobres gentes sufren en silencio? Mirando a nuestra izquierda, superando dolorosos

Mi agenda y yo

efectos disruptivos, ¿de qué salud goza el eje norteamericano, Canadá, Estados Unidos y México? El pulso en Sudamérica entre la democracia y el populismo, ¿de qué lado se decantará? En general, ¿causas de la crisis de identidad de las democracias modernas? ¿Razones del descrédito y la desconfianza que provoca la clase política? ¿Explicaciones plausibles para el auge de la demagogia, hábil en la gestión de miedos y odios?

A vuela pluma, trazando un brochazo muy general de nuestra pequeña e interdependiente aldea global, ¿cabe permanecer indiferente y ocioso? ¿Se puede ser un profesional de la dirección de empresas, una persona al día y preparada, sin invertir en nuestro limitado bagaje cultural? Me viene a la memoria el caso de una ejecutiva despierta y responsable. Trabaja para una importante multinacional europea. A pocos días de iniciar un viaje que la llevaría por Arabia Saudí, Jordania y algunos otros países de zona tan conflictiva, me reconoció cierta pereza y desgana. Su condición de mujer la obligaba a pensar sobre cuestiones menores que en esos lugares del planeta cobran una dimensión diferente. Tipo de ropa, atuendo aconsejable, compañía masculina... eran algunas de las dudas que la perseguían los días previos. De repente le pregunté por sus conocimientos de la historia y la cultura de esos países. Por sus costumbres y tradiciones. Por la diferencia entre el mundo árabe y el islam, muchas veces en Occidente los utilizamos como si fueran sinónimos. Por la crucial separación entre chiitas y sunitas, arrastrada durante siglos. De pronto nos engarzamos los dos en una conversación en la que primaban las preguntas sobre las respuestas.

Protegiendo lo importante

Ni corta ni perezosa esa misma tarde acudió a una librería a comprar varios libros sobre los países de su itinerario. En los días que faltaban para su partida devoró con gusto páginas y páginas sobre el tema, absorta en una labor de investigación y renovación. A su vuelta me reuní con ella. Gracias a su actitud previa, el viaje resultó un éxito y desde entonces es una de mis interlocutoras sobre los países de referencia. Sin quererlo, aunando estudio y trabajo de campo, se ha convertido en una autoridad en la materia. Lo que era urgente e inmediato en su agenda, pulir y perfeccionar sus conocimientos culturales, ha pasado a ser importante y estratégico.

Cambio de tercio, prosigue el guion de preguntas, ahora más cercano y asequible. De la macroeconomía a la microeconomía. Mi equipo de dirección: ¿comunidad cohesionada o grupo disgregado de personas? ¿Retiro «espiritual» para profundizar en la respuesta? ¿Lugar, tiempo? En mi sector o industria, ¿cuáles son los líderes de opinión, internos y externos? ¿Quiénes mueven los hilos? ¿Tipo de relación que mantengo con ellos? ¿Plan de acción? En materia de innovación y creatividad, aspecto crucial, nos jugamos la supervivencia, ¿iniciativas emprendidas? ¿Qué se puede y debe hacer? ¿Marco general, profesionales involucrados, presupuesto, método de trabajo, criterios de evaluación, plan de seguimiento? ¿Se requiere un departamento de innovación o, al contrario, es un reto general, una visión inclusiva, una mentalidad nueva?

Ahondando un poco más en la persona, ¿tiempo habilitado en mi agenda para la lectura y el estudio? ¿Me refugio alguna vez en la biblioteca o lugar alternativo para profundizar

Mi agenda y yo

en el examen de asuntos relevantes? Pensando en el futuro a medio y largo plazo, ¿tengo sustituto en mi función? ¿Candidatos? ¿Cantera propia, mercado de fuera? ¿Qué voy a hacer al respecto? Trascendiendo mi responsabilidad actual, ¿algún sueño por perseguir? ¿De qué va? ¿Creación de una pequeña empresa? ¿Socios? ¿Inversores capitalistas? ¿Colaboración como *freelance*, potenciando mi grado de autonomía e independencia? ¿Tiempo consumido? *¿Full time, part time?* ¿Transición visualizada? ¿Gradual, rupturista? Factores de decisión: ¿calidad de vida, desarrollar unos talentos, seguridad económica, libertad de acción, independencia, familia, etcétera? Por último, y sin pretender ser exhaustivo, en la lista de los debería, ¿qué grado de atención merece el descanso? ¿Cuál es mi filosofía y actitud? ¿Me cuido, sin exageraciones tan típicas de una sociedad narcisista, o siempre ocupo el último puesto de la fila? ¿Puedo servir a los demás si no me trato un poco mejor? ¿Calendario de citas conmigo mismo? ¿Nivel de compromiso y motivación? ¿Plan de cumplimiento?

El bueno de Pablo d'Ors, al que ya presenté en la introducción del libro, observa en sus comentarios preliminares con sinceridad y humildad que la partida con uno mismo es fácil que pase al último lugar de la cola.

«Comprobé que quedarse en silencio con uno mismo es mucho más difícil de lo que, antes de intentarlo, había sospecha-

Protegiendo lo importante

> do. No tardé en extraer de aquí una nueva conclusión: para mí resultaba casi insoportable estar conmigo mismo, motivo por el que escapaba permanentemente de mí. Este dictamen me llevó a la certeza de que, por amplios y rigurosos que hubieran sido los análisis que yo había hecho de mi conciencia durante mi década de formación universitaria, esta conciencia mía seguía siendo, después de todo, un territorio poco frecuentado.»[49]

Ese descuido personal, por las razones que sean, algunas más evidentes y lógicas, otras más escondidas y sutiles, acaba repercutiendo negativamente en los que nos rodean. Del yo al plural de nosotros, vosotros, es una prometedora serie a menudo truncada en su origen más personal e íntimo.

La naturaleza y el alcance de los últimos interrogantes anima a contemplar la totalidad de nuestra pantalla vital. Esto exige sumar a las actividades y funciones propias del negocio las que pertenecen al ámbito del ocio. Este, por su potencial, calado y variada identidad, merece un capítulo exclusivo.

---

49. D'Ors, Pablo. *Op. cit.*

5.
El ocio, espejo incisivo

«La vida es un viaje misterioso y fascinante en el que tropezamos con un montón de ideas que nos iluminan. Unas y otras se mezclan en el mar de la experiencia. En sus profundidades emergen otras ideas que dan paso a otras experiencias. Cada año somos diferentes del año anterior. Cualquier episodio, hasta el más insignificante, nos cambia por dentro. Somos la suma de todas esas vivencias y actos conscientes.»

ANDREA BOCELLI

Lo conocí hace ya años. Profesional competente, trabajador, comprometido, meticuloso, se tomaba muy en serio su responsabilidad. Hombre metódico, planificador, frisando los sesenta y pocos años, había diseñado un plan para retirarse en tres o cuatro. El candidato a sucederlo venía respondiendo muy bien a los diversos desafíos y encargos que depositaba en sus hombros, mostrándose como la persona idónea para garantizar el futuro. Plan de sucesión impecable, teórico y práctico, llegado el momento de la verdad surgieron miedos y reservas de índole personal que dieron al traste con él. Resumiendo brevemente una historia larga y farragosa, transida de racionalizaciones —como decía Proust, «si no vives como piensas, acabas pensando como vives»— y argumentos muy forzados, enfrentado al abismo de un tiempo nuevo, a la oportunidad de cultivar otras facetas de su vida, las alarmas se dispararon bloqueando una solución perfecta para ambas partes. El sucesor se marchó cansado de esperar, de escuchar explicaciones retorcidas y falsas, y nuestro protagonista escribió las páginas más insulsas y pobres de su biografía profesional por alargar artificialmente el último capítulo.

Paradójicamente, el ocio —vocablo e idea sinónimo de libertad, placer, autonomía, diversión, reposo, derecho, cultura, enriquecimiento, recreo, aprendizaje, sabiduría, etcétera— se reveló como un test difícil de aprobar. Gran parte de su identidad estaba cosida inextricablemente a su posición de primer ejecutivo. Aunque hablaba con frecuencia de su familia y otras inquietudes sociales, su ser más profundo, sus realizaciones más genuinas y expresivas, estaban vinculadas a la referida posición. Con el tiempo, el poder, la jerarquía, las comodidades adheridas al puesto —sobrellevaba muy bien las servidumbres de este—, habían llegado a monopolizar su energía e ilusión. El personaje adquirió un estatus que se comió a la persona.

Pasada esa fase contradictoria de su itinerario vital, recientemente me confesó que los privilegios y las licencias del poder casi se habían adueñado de su identidad. Temía que en su condición de ex la gente no respondiera a sus llamadas, que el teléfono no sonara. También le preocupaba qué hacer con tantas horas del día por delante. Entendía conceptualmente las ventajas de una cadencia vital más lenta y sosegada, teóricamente entretenida, pero hecho a la actividad frenética de tantos ejecutivos, un ritmo más amable le producía una turbación inexplicable. Durante sus años de directivo exitoso aparcó otras actividades y relaciones de su vida. Parecía que era el peaje obligado que debía pagar para llegar y mantenerse en la cumbre de las *suites* ejecutivas. *Hobbies* y pasatiempos fueron perdiendo progresivamente tiempo y espacio, su influencia y motivación se difuminaban. Trabajo, trabajo, trabajo, era el *leitmotiv* de su vida, y lo que suele arrastrar en las alturas: visibilidad, notoriedad, adrenalina, compañía, ruido… Sorprendentemente, el ocio, tan querido y disfrutado en los comienzos de su carrera, consagrada a entender las claves del negocio, se había ido deteriorando en problema tardío, íntimo y contradictorio. De ahí sus reticencias a jubilarse como había ingenuamente organizado.

Josef Pieper se interroga oportunamente en *El ocio y la vida intelectual*: «¿Será posible mantener o incluso reconquistar, frente a la presión del mundo totalitario del trabajo, un espacio para el ocio, que no sea solo un bienestar dominical, sino el ámbito donde pueda desarrollarse una verdadera e íntegra humanidad, la libertad, la verdadera formación, la consideración del mundo como un todo?».[50] Respondiendo

---

50. Pieper, Josef. *Op. cit.*

afirmativamente a la cuestión formulada, añado la consideración de la persona como una unidad indivisible, que se expresa y aprende continuamente a través de una forma de hacer negocios responsable y solidaria y de una experiencia de ocio abierta, variada, relajada y activa. Hasta tal punto creo en esa unidad que pienso que en la armonía ideal el apartado negocio tendría visos reales de ocio, en términos de expresión y cultivo de un talento y personalidad determinados, y el ocio, asimismo, rasgos de negocio en el sentido de superación, inteligencia, disciplina y enseñanza, no todo en él es dormir, reír y descansar.

La palabra «negocio» deriva del latín *neg-otium*. Así pues, «neg-ocio» sería la negación del vocablo original, ocio. En la Grecia clásica la vida giraba en torno a él. Salvo en el caso de los esclavos, los placeres del alma gozaban de un tiempo y una atención inalcanzables para la mentalidad utilitarista de nuestra época. Hoy los ritmos son distintos, también nuestra comprensión sobre en qué consiste una vida buena. En *Elogio de la ociosidad*, Bertrand Russell denuncia que «para el hombre moderno todo debe hacerse por alguna razón determinada».[51] Parece que todo aquello que no puede incluirse en la noción de útil, tangible, real y práctico, sea vano, estéril, inservible, un lujo y un gasto caprichoso. Precisamente por esto, por sus ritmos y sorpresas, por su nivel de penetración, por la intensidad de sus experiencias y manifestaciones, por sus pecados de omisión y de acción, por

---

51. Russell, Bertrand. *Elogio de la ociosidad*. Barcelona: Edhasa, 2000.

sus excesos y defectos, por su carácter peculiar, si se quiere profundizar y avanzar en el conocimiento de uno mismo, en el misterio de nuestro ser más verdadero, el ocio guarda un potencial riquísimo y atesora un caudal de intuiciones y sugerencias valiosísimo.

Bien entiende y comparte esta afirmación un viejo conocido, persona a la que profeso un respeto y un cariño crecientes. Él interpreta el ocio como una oportunidad para expresar la personalidad del ser humano, sus diferentes talentos, aficiones y cualidades. No limita, por tanto, el ocio a una visión pasiva, a un tiempo dedicado al descanso del guerrero, con ser este también un apartado legítimo, necesario y loable. Más vale ser un vago inteligente que un tonto hiperactivo. Tampoco lo reduce a pasatiempos y distracciones varios, abundantes en su vida. Su agenda es la expresión convincente de un ocio admirablemente utilizado. Directivo exitoso, unánimemente respetado en la empresa española en la que ha transcurrido el grueso de su carrera, una de nuestras grandes corporaciones, superados con creces los 60, toma la iniciativa y da un paso adelante. Decide jubilarse de sus tareas ejecutivas, ocupando un puesto en uno de los consejos de administración del grupo, presidiendo una de sus comisiones. Portador durante años de otros gorros, algunos adquieren ahora un rango especial.

Amante del deporte, como *amateur* domina dos o tres disciplinas muy exigentes, entre ellas el tenis, pasión que compartimos. Lector voraz desde siempre, esta actividad ha blindado y alimentado su faceta de escritor. En la actualidad su producción literaria goza de un ritmo envidiable, amén de apariciones periódicas en la prensa nacional e internacional. Conferenciante con capacidad para embrujar y hacer pensar mientras su auditorio pasa un buen rato, ejerce la docencia a tiempo parcial. Hombre tradicionalmente culto y viajado, con el «retiro» laboral se pasea por el mundo con una naturalidad y frecuencia envidiables, eligiendo muy bien sus destinos y compañía. (Su querida mujer suele formar parte de la expedición.) Madrileño de adopción, su adorada tierra andaluza ocupa un rincón especial en su corazón y en su agenda.

Hombre de valores, con un sentimiento muy fuerte de la justicia, sensible al dolor y al sufrimiento ajenos, ha volcado gran parte de su inteligencia, experiencia y voluntad en sensibilizar a la empresa moderna sobre sus responsabilidades sociales. Embajador infatigable de una visión humanista de la actividad económica, diferentes organizaciones sin ánimo de lucro conocen su celo y profesionalidad. ¿Qué es lo más precioso que les da? Un tiempo de ocio que entiende que ha de devolver agradecido a una sociedad de la que se siente deudor, ciudadano privilegiado. Frente a la mentalidad de escasez del primer ejecutivo, que solo ve nubarrones oscuros en el horizonte de su retirada profesional, la mentalidad de abundancia del segundo visualiza un mundo de posibilidades y aprendizajes inéditos.

Obviamente, no se improvisa una retirada tan gozosa y activa de la noche a la mañana. Es producto de una disposición y de una mirada que visualizan el futuro, y cuando

El ocio, espejo incisivo

este llega, siempre lo hace, no suele faltar a la cita, nos coge preparados. Si no da miedo cerrar una etapa y abrir otra es porque no nos limitamos a una visión reduccionista y monotemática de nuestra identidad. El equilibrio vive en el plural. La mejor defensa es un buen ataque, solemos decir. La vida es de los que salen a ganar, fajándose en diversos frentes. Hay que adelantarse, cuidar e invertir en facetas que hoy probablemente son de rango secundario, pero que mañana se tornan preciosas.

Me vienen a la cabeza varios profesionales que, en pleno esplendor de sus vidas, en un momento dulce, atienden otros ángulos de su forma de ser. Ejecutivo de primer nivel norteamericano. Dotado de una inteligencia analítica excepcional, de una extraordinaria capacidad de introspección, ningún recoveco del corazón humano queda fuera de su gran angular. Sus responsabilidades de liderazgo lo obligan a mantener una agenda ciertamente variada y extensa. En nuestro primer encuentro ya me comentó su pasión por volar. Piloto aventajado, tiene licencia para llevar aeronaves para 8 o 10 pasajeros. Profesional delicado y muy consciente del ejemplo que ha de ser para los empleados de la empresa, se siente reacio a practicar este *hobby*. Casi parece un antojo adolescente para alguien solicitado por diversas instancias, familiares, profesionales y sociales. Con el tiempo, hemos trabado una buena amistad, lo animo encarecidamente a mimar este lado lúdico de su vida. En ello está, sin reticencias culpabilizantes y sin excesos frívolos, dada su carga de deberes y compromisos y su carácter sobrio y espartano. En el equilibrio está la virtud. ¿Quién gana mientras vuela? Seguro que la persona. Ahí arriba, envuelto entre nubes, se siente en paz consigo mismo. Lo bueno es que también el ejecutivo participa de su afición a volar. A los mandos del avión, saboreando las vistas, devorando millas, atrapado entre la soledad y el silencio, sus neuronas se despiertan y conectan. Ideas y planes que en tierra permanecen en estado larvado afloran con una nitidez y convicción nuevas. No sale a volar para mejor decidir y gobernar, pero como consecuencia de practicar una vocación genuina, percibe que el directivo es el primer beneficiado. En modo alguno es casualidad.

Otro caso, misma conclusión. Ejecutiva de primera fila, trabaja en una multinacional de prestigio. Hablando de su agenda, estrategias, estructuras, organigramas, sistemas de dirección, análisis de la competencia, proveedores, equipo humano, surgen en su discurso con espontaneidad y confianza. Interrogada por las parcelas más personales de su vida, me contesta con cierta sorpresa y reparo que le apasiona el mundo de la vela, todo lo que rodea al mar. Además, me reconoce sin un átomo de vanidad que tiene ciertas dotes artísticas. La pintura, la música —solía recibir clases de guitarra, de piano—, la danza, el *ballet*, le son muy queridos. Poco a poco, a base de disciplina y constancia ha ido haciendo un hueco en su complicada agenda a esas cualidades y preferencias. Cada domingo por la tarde revisa la agenda semanal, intercalando sin falta actividades otrora olvidadas.

El ocio, espejo incisivo

No solo la mujer anota en positivo ese reverdecer de *hobbies* largo tiempo pospuestos, sino que la ejecutiva presiente que su equipo de reportes directos es el primer beneficiado. Convencida de la bondad de su amplitud de agenda, ha dejado su tendencia al *micromanagement*, cada vez delega más, elige muy bien las batallas que merecen su atención y en el ínterin todos a su alrededor se ven impelidos a crecer y madurar. Recientemente madre de un niño, la maternidad ha venido a sellar un estilo innegociable, cerrando un círculo virtuoso de liderazgo con el que todos los afectados han salido ganando.

Tercer ejemplo, también esperanzador. Emprendedor norteamericano, joven, vital, ilusionado con el desarrollo de una empresa de la que es socio fundador y director general, vive con su mujer y sus dos hijos en una importante capital europea. *Start-up* digital, se las tiene que ver tiesas con una competencia feroz en el universo de las nuevas tecnologías. Miembros del consejo de administración, clientes, proveedores, empleados, fondos de inversión, bancos, competidores, consultores, *headhunters*, etcétera, desfilan por su agenda con absoluta normalidad y cotidianidad. ¿Candidatos a ser sacrificados un día sí y otro también, incluidos sábados y domingos? Su mujer y sus hijos, especialmente la primera, todo sea por el bien del futuro familiar. La temida crisis, iniciada hace ya años, no acaba de irse, y se proyecta en el tiempo un estilo de vida que amenaza ruina. Cada vez más sensibilizado por el precio que un directivo emprendedor multiusos como él puede acabar pagando, en términos de salud y armonía familiar, un día se arranca con una iniciativa que huele contra natura.

Harto de no ver a su mujer, los espacios en blanco del fin de semana los copan los niños y cenas con amigos, le propone a esta bloquear los jueves, menos los que esté fuera, para salir solos. Cenas, teatro, musicales..., la oferta de ocio de la ciudad es inmejorable. Él se encargará de todo, será una sorpresa para ella. Su mujer se muestra sorprendida y un tanto renuente. No vincula el ocio con planificación, con un día preestablecido y menos un *tête-à-tête* con su marido. Él comprende sus dudas, pero insiste en que acepte su plan. Si no funciona, a la porra.

¿Qué lógica se esconde detrás de la idea de este emprendedor? Una bien sensata y realista. Como deje el tiempo de pareja al albur de lo que vaya ocurriendo –al fin y al cabo, el ocio es eso, improvisación, espontaneidad, naturalidad–, las veladas juntos se irán diluyendo progresivamente, haciéndose cada vez más caras y raras. ¿Tratamiento de choque? Meto a mi pareja en mi agenda, como si fuera un cliente estratégico, no la muevo de ahí salvo fuerza mayor, y solo cuando se haya convertido en una feliz costumbre, la borro de ese lugar. De hecho, a las cinco o seis semanas de iniciar esta práctica, empezando a alcanzar velocidad de crucero, su mujer comentó que el jueves de esa semana prefería quedarse en casa. Él, después de dudar, insistió en salir, eso sí, esmerándose mucho en el plan elegido. Los experimentos, con gaseosa. Solo con el tiempo, asentada la pareja en una relación firme y feliz, la norma de los jueves ha sido suplida por el hábito. Ahora puede ser un miércoles, un viernes o hasta el domingo por la noche, pero es raro que pasen diez días sin que hagan un plan exclusivo entre ellos.

Si se trata de cultivar una personalidad plural, Pau Gasol, el mejor jugador español de baloncesto de la historia, poseedor de un palmarés profesional deslumbrante, dos anillos de campeón en la mítica NBA jugando en los Lakers de Los Ángeles, es una autoridad indiscutible. Profesional de élite, compitiendo al máximo nivel de exigencia desde hace 18 años, el baloncesto constituye el epicentro personal en torno al cual gira todo lo demás. Entrenamientos, viajes, partidos, aviones, hoteles..., se suceden a un ritmo frenético durante los meses de competición en la NBA. En verano la selección nacional requiere su tiempo y participación. Campeonatos europeos –aún se recuerda su exhibición ante Francia en la última edición–, campeonatos del mundo, Juegos Olímpicos –su última conquista, un bronce brillante en Brasil– tiran de una agenda agotadora. Recién cumplidos los 36 años, flamante fichaje de San Antonio Spurs, después de haber jugado en los Grizzlies, los Lakers y los Chicago Bulls, ¿cuándo se retirará? ¿Dos, tres años le quedan? Teniendo dudas sobre el momento concreto de su marcha, no tengo ninguna sobre el modo como encarará el punto y final de su carrera. Concentrado en su faceta de jugador, desde hace tiempo se viene preparando para cuando deje de serlo.

Contrario a lo que ocurre con muchos compañeros suyos de la NBA –las estadísticas son escalofriantes, divorcios, ruinas económicas, problemas de drogadicción, etcétera–, estará libre para afrontar ese punto de inflexión en su vida. Siendo el baloncesto profesional su negocio, mira el tiempo restante, su merecido ocio, con esperanza, prudencia y determinación. Su original pasión por la medicina lo ha animado a constituir con su hermano Marc una fundación dedicada a la educación y la salud. Hombre solidario, es embajador universal de Unicef desde hace años. En ese rol ha visitado países y lugares complicados, como Chad, Siria y Líbano, de donde ha vuelto siempre muy impresionado y sensibilizado. La música es otro de sus *hobbies*. Musicales, conciertos de ópera, son asiduos en su agenda. Aprovechó bien los años en Los Ángeles para trabar amistad con Plácido Domingo. También con Valentín Fuster, otro español universal afincado en Estados Unidos. Lector asiduo, siempre tiene entre manos libros de dos o tres géneros diferentes.[52]

El desarrollo del deporte en general, la evolución futura del movimiento olímpico internacional, la frontera entre deporte, espectáculo y negocio empresarial, labores de gestión en una franquicia, entrenador, son áreas de interés que despiertan su atención y seguimiento. ¿Por qué registros acabará saliendo cuando se vaya a casa? No tengo ni idea. Lo importante es que el ocio, más allá de su versión descanso, crucial en un jugador como él, no lo sorprenderá nostálgico ni vacío. Hace ya mucho tiempo que se viene entrenando

---

52. Álvarez de Mon, Santiago, y Flores Alonso, Juan Enrique. Caso de Investigación del IESE, DPO-375, *Pau Gasol: una carrera internacional*, mayo de 2015.

en ese otro aspecto de su vida. Seguro que al principio echa de menos la intensidad y adrenalina de las canchas, pero hay vida después de la retirada. Cuando se hacen los deberes a tiempo, uno está preparado para el camino.

En la misma línea, he tenido la fortuna de conocer y relacionarme con profesionales destacados de nuestro país en el mundo del *management* que cuando ha llegado el momento de echarse a un lado y dejar la responsabilidad de la cuenta de resultados a otro, han asumido su nuevo rol con elegancia y señorío. El negocio no desaparece de pronto en sus vidas —consejos de administración, asesoramiento empresarial, *start-ups*, colaboraciones literarias, docencia a tiempo parcial...—, pero ocupa un espacio menor, que es rellenado por un ocio inteligente, grato y activo que compagina placer, descanso y serenidad con interés, actividad intelectual y aprendizaje. Por ejemplo, es de celebrar cómo muchos adultos se matriculan en cursos de filosofía, de historia, de arte, reforzando una visión humanística y social que es imprescindible para comprender los desafíos de nuestra era.

En el trasfondo de estas y otras historias late el reto de compatibilizar los requerimientos y las demandas de la carrera profesional con necesidades y motivaciones de índole personal y familiar. Preguntas íntimas y legítimas se van presentando a medida que vamos consumiendo años de nuestro particular calendario, reclamando y mereciendo respuestas válidas y consistentes. ¿Es posible conciliar desarrollo profesional y vida familiar? Al margen de las prácticas y propuestas concretas de la empresa para la que trabajemos —flexibilidad de horarios, teletrabajo, guarderías, etcétera–, ¿cuál es mi responsabilidad al respecto? ¿En qué medida contribuyo a alcanzar tan ansiado equilibrio? ¿Tiene sentido el curso de mi carrera? ¿Cuál es el motor interior que la impulsa? ¿Cuál es mi concepción personal del ocio? ¿Cuál es su propósito y razón de ser? ¿Divertirme, descansar, amar, servir, trabar amistad, cultivarme, aprender, en definitiva, VIVIR, con mayúsculas? ¿Responde el uso del tiempo a esos impulsos y motivos? ¿Qué sobra, qué falta?

Con objeto de avanzar un poco más por una senda lúcida y creativa, pienso con usted en voz alta algunas dimensiones de un ocio que nos debería facilitar reconciliarnos con la difícil y apasionante aventura humana de vivir. El cuestionario es meramente orientativo, solo uno mismo está en condiciones de completarlo con fundamento y autoridad. La sinceridad de las respuestas guarda la verdadera relación entre el ocio y yo. ¿Afición por el deporte? ¿Mero espectador, jugador *amateur*? ¿Disciplinas favoritas? ¿Qué lugar ocupa la práctica deportiva en mi vida? ¿Tradición desde la infancia, hábito familiar o actividad incorporada en la madurez? ¿Disfrute, diversión, placer o medio para cuidar la salud, para mantenerme en forma? ¿Deportes elegidos? ¿Frecuencia semanal? ¿Diferencias entre días laborales y fin de semana? ¿Consumo de tiempo? No es lo mismo un recorrido de golf de 18 hoyos (4 horas) que uno o dos sets de tenis; un plan de caza de una jornada completa que un partido de baloncesto. ¿Predomina el trabajo en solitario o en grupo? ¿Acompañamiento familiar? ¿Esquí, montañismo? ¿Lugar?

El ocio, espejo incisivo

¿Compañeros habituales? ¿Casa, gimnasio? ¿Asistencia de fisios o entrenadores personales? ¿Citas especiales a lo largo del año? ¿El maratón de Nueva York, alguno por aquí, culminar algunas cimas pirenaicas en verano, regatas clásicas, campeonato de veteranos del club…? ¿Peco por abuso o por cicatero? ¿Trabajo equilibrado u obsesión enfermiza? ¿Culto narcisista al cuerpo o control de la mente? ¿Plan de recuperación? ¿Gasto de energía? ¿Hábitos de alimentación? ¿Dieta sana, consumo excesivo de calorías? ¿Relación tensa con el placer de sentarse a la mesa? ¿El deporte me libera e inyecta energía o me siento esclavo de una rutina que me tiraniza y acabaré saltándome? Cierro aquí este primer apartado físico, le dejo a usted que lo complete con otras preguntas y sus respectivas respuestas.

Segunda dimensión. Podría denominarla el arte y yo. ¿Papel de la música? ¿Tipo? ¿Clásica, pop, *jazz*…? ¿Conciertos, musicales? ¿Espectador ocasional, abonado? ¿Dónde la escucho? ¿Ducha, coche, de fondo en el trabajo, a todas horas…? ¿Instrumentos favoritos? ¿Clases? ¿Frecuencia? ¿Continuidad? ¿Otras actividades, *ballet*, danza, miembro de un coro? ¿Giras? ¿Pintura? ¿Consumidor entendido, mero admirador, alumno aplicado? ¿Exposiciones? ¿Escultura? ¿Arquitectura? ¿Inteligencia visual? Sobre este particular me he encontrado multitud de personas que, sin ser arquitectos, aparejadores, interioristas, sin tener ninguna formación profesional, disfrutan entre planos y dibujos de casas, fincas de recreo y otros edificios, maquinando e imaginando espacios que yo no contemplo. En sus viajes, ¿cuánto tiempo dedica a ver los museos más conocidos? ¿Visita de rigor, casi obligada, admira las obras, pero lo dejan como estaba, o siente al artista, se conecta emocionalmente con la obra? ¿Cine, teatro?

Por proximidad surge aquí el mundo de la naturaleza, del jardín, la sensibilidad para conectar la luz, el agua, el aire, respetando un entorno natural que está ahí desde siempre. Necesidad desatendida, agresión continuada, el maltrato del hombre a la madre naturaleza lo pagamos muy caro. Ciudades desalmadas y ruidosas no pueden ser un hogar acogedor. Urbanita irredento, ¿el campo con cuentagotas o es su hábitat natural? ¿Pasatiempo fugaz o en él carga pilas? Apartado manual. ¿Amante del bricolaje, *do it yourself*, o es como yo, torpe, lo deja indiferente; delegación y confianza en el profesional de turno?

Un tercer bloque, la lectura, muy cercano al anterior, son primos hermanos. Ambos pertenecen al apartado cultural, tan amplio y polifacético que enmarca muchas inquietudes y expresiones humanas. ¿Ritmo de lectura? ¿Cuántos libros lee al mes? ¿De lunes a viernes? ¿Fines de semana? ¿Durante el invierno? ¿En verano? ¿Géneros? ¿Ficción, poesía, no ficción? Dentro de este último, ¿historia, biografías, ensayos, poesía, sociología, filosofía, psicología, espiritualidad…? ¿Prensa? ¿Revistas especializadas? ¿Distribución horaria? ¿Qué lee por la mañana? ¿Por la noche? ¿Durante el día? ¿Encaje género-momento del día? ¿Dónde? ¿Lugar favorito? En las conversaciones y tertulias en las que participa, ¿qué conclusiones saca sobre su nivel cultural? Dialogando sobre determinados países, tradiciones, conflictos actuales, guerras, civilizaciones, etcétera, ¿qué grado de dominio tiene? ¿Le interesan esos temas, lo aburren? Ante un hipotético destino internacional, ¿disposición personal a entender la sensibilidad local y adaptarse a ella? ¿A conocer su historia y aprender con ellos?

Dentro de la evolución histórica de la humanidad, ¿épocas preferidas? ¿Siglos que mejor domina? ¿Personajes preferidos, admirados? ¿Datos, personas, fechas, guerras, acuerdos de paz, negociaciones..., qué guarda en su memoria y utiliza con fluidez? ¿Margen de mejora? ¿Interés, gusto, inquietud real o mera declaración de intenciones? Si prima lo primero, ¿táctica por desarrollar? ¿Por libre o apuntándose a cursos formales? ¿Presenciales, *on line*?

¿Escritura? Suele ir precedida por la lectura. ¿Diario personal, artículos, cartas, ensayos, novelas, biografías? ¿Aspira a publicar o ni sus amigos y familiares conocen la existencia de sus textos más íntimos? Apartado que se presta a un excesivo grado de sencillez y timidez, he animado a muchos alumnos míos a que se ejerciten con asiduidad y descaro. Después del trato en clase, de conocerlos entre pasillos, aulas, comedores, videoconferencias, chats, etcétera, el papel en blanco puede ser el lugar ideal para recorrer los pliegues más sugerentes de su alma. Como en todo, practicar con asiduidad es primordial. Muchas verdades del corazón encuentran en la palabra escrita su mejor vehículo de expresión. Y, como advertía Machado, cuidado con las correcciones, con manipular excesivamente el borrador original. En resumidas cuentas, ¿qué dice su biblioteca personal de usted? ¿Libros manoseados, subrayados, recordados, queridos o eternamente ignorados, expuestos de cara a la galería?

Cuarto apartado, también muy querido, una de mis debilidades y de toda mi tribu familiar. ¿Viajes? ¿Destino? ¿Extensión? ¿Motivos principales, razón de ser? ¿Traslados profesionales, destinos de nuestros padres, aprendizaje de idiomas, turismo, pura diversión? ¿Fases de nuestra vida, infancia, juventud, madurez? ¿Recuerdos mantenidos? ¿Aprendizajes incorporados? ¿Nuevas relaciones? ¿Actitud personal ante lo desconocido, lo nuevo, lo incierto, ante la diversidad cultural? ¿Curiosidad, pereza? ¿Predomina el mapa, lo planificado o el territorio inexplorado, lo sorpresivo? ¿Países con un encanto especial para usted? ¿Por qué? ¿Ciudades por las que siente debilidad? ¿Tamaño? ¿Barrios preferidos? ¿Próximos destinos? ¿Países que tiene que conocer antes de morirse?

Con relación a este punto, he encontrado que es muy fácil engañarse a sí mismo. Casi todo el mundo afirma que le encanta viajar, todo el planeta despierta su interés, pero si luego observas el tiempo y el presupuesto dedicados, los destinos elegidos, sospechas del modesto papel que ocupa en sus vidas. Un buen amigo mío tiene la virtud de conocerse muy bien. Me reconoce sin ambages, a calzón quitado, que viajar no le gusta, que cada vez le cuesta más arrancar y que todo lo que sea salir de la vieja Europa le da pereza. Con España tiene más que suficiente. Él se lo pierde, pienso yo, sobre gustos no hay nada escrito, pero al menos se agradece su sinceridad y autoconocimiento. En su agenda

El ocio, espejo incisivo

de ocio, los viajes, con cuentagotas, lógico y natural según su jerarquía de impulsos y motivaciones.

Cosido al placer de viajar está el mundo de la fotografía. ¿Consumidor pasivo como yo, me encanta ver álbumes de fotos, pero que las haga otro, o *amateur* aventajado al día de la evolución digital? ¿Necesidad atendida o su gusto por el tema solicita un poco más de tiempo, de formación, de recursos?

El quinto apartado, pese a que puedo despacharlo en muy pocas líneas, es absolutamente crucial en el desarrollo de una vida plena y amable. Estoy hablando de la amistad. Sentimiento noble, relación sublime, regalo imprevisto, compañía impagable, valor innegociable, nos invita a salir al encuentro del otro mientras nos empuja a indagarnos y aceptarnos. Con el amigo puedo pensar en voz alta, compartir sucesos, tropiezos, conquistas, errores…, la relación no se mide por las métricas estandarizadas de la sociedad. El amigo está ahí, nos vaya bien o nos vaya mal. Su teléfono suena con la misma frecuencia, independientemente del estatus alcanzado. Él se interesa por nuestra persona, no por el personaje que sacamos a pasear.

¿Cuántos amigos tiene? ¿Calidad, cantidad? ¿Planes conjuntos? ¿Dolores, sufrimientos, juergas, éxitos compartidos? ¿Viajes, tertulias, partidas de cartas? ¿Deporte? ¿Quién toma la iniciativa y llama? ¿Está ahí cuando se le necesita? Rincón preferencial, distintivo, mágico, de una agenda social que tiene una vocación natural a inflacionarse y quedarse en la superficie, debería ser tratado con mimo, generosidad y gra-

Mi agenda y yo

titud. El tiempo invertido de manera desprendida regresa siempre a nuestro favor.

Otro capítulo importante y definitorio, tanto que tiende a ser menospreciado, ignorado o, lo que es peor, desenfocado, desnaturalizado. Sería el mundo de la cooperación social, de la solidaridad, de las ONG, todo aquello que me relaciona con los más necesitados, con el pobre que se muere de hambre, con el analfabeto, con el parado, con el emigrante, con el exiliado político..., con el prójimo que sufre. Porcentaje lacerante de la población mundial, su mirada nos señala con el dedo, nos advierte de nuestro aburguesamiento y egoísmo. ¿Modos de canalizar en mi vida esta dimensión humanitaria? ¿Organismos internacionales o nacionales a los que pertenezco? ¿ONG, instituciones sin ánimo de lucro? ¿Iglesia? ¿Colegios? ¿Foros de responsabilidad social? ¿Grado y naturaleza de mi aportación? ¿Talento, experiencia, trabajo, contactos, dinero? ¿Tiempo requerido? ¿Momentos del año, de la semana? ¿Periodicidad? ¿Soy leal, consistente o un tanto errático? ¿Por qué lo hago? ¿Incidencia de la respuesta? ¿Salida natural a mi condición de ser humano? ¿Expresión lógica de una riqueza interior, de un sentimiento fuerte de comunidad? ¿Sensación de culpa? ¿*Lifting* social? ¿Comunión personal con la tarea o actividad elegida? ¿Sentimiento de gozo y plenitud? ¿Carga pesarosa en mi agenda o una de sus cumbres intelectuales, afectivas y morales? ¿El tiempo vuela sin pesar o los minutos se eternizan mutándose en horas? En el futuro, ¿compromisos adquiridos? ¿Planes concretos? ¿Grado de armonía y respuesta?

El ocio, espejo incisivo

Por último, para rematar este capítulo sobre el ocio y yo, me detengo en dos elementos que no pueden faltar en este repaso temporal de nuestra agenda. El primero tiene que ver con el anteriormente mencionado universo de la tecnología. Bajo este epígrafe incluyo el amplio abanico que la era digital ofrece al consumidor moderno. Desde las tradicionales televisión y radio a los dispositivos más rompedores y avanzados. ¿Cuántas horas de media semanales ve la televisión? ¿Cuántas se concentran en el fin de semana? ¿Programas elegidos? ¿Noticias, retransmisiones deportivas, documentales, debates, tertulias, películas, series, concursos…? ¿A qué hora? ¿Elige selectivamente o por pura inercia? ¿En qué estado se encuentra cuando apaga el monitor? ¿Cuántos televisores hay en su casa? ¿Experiencia de la radio? ¿En el coche, en los viajes o forma parte de otros espacios y escenas de su vida? ¿Presencia en las redes sociales? ¿Motivos? ¿Sociales, políticos, profesionales, lúdicos? ¿Formatos? ¿Facebook, Twitter, LinkedIn, Instagram? El móvil y usted. ¿Cuántas horas permanece encendido? ¿Instrumento de trabajo, medio de comunicación, lugar de encuentro familiar, pasatiempos y juegos…? ¿Chats de los que es miembro? ¿Las tabletas? ¿El mundo de internet? ¿Horas de navegación por la red? ¿Información, entretenimiento, cultura, aprendizaje…? ¿Dependencia virtual en su estado de ánimo? ¿Diría de usted que es una persona internet-céntrica? ¿Puede pasar un día entero sin conexión o es un compañero insustituible, un criterio relevante de selección de un destino viajero?

Mi agenda y yo

Finalmente, la familia, una seña de identidad decisiva. Comunidad natural, lugar de manifestación de nuestras mejores iniciativas y gestos, también puede deteriorarse en ámbito cerrado colmado de etiquetas y prejuicios. Excluyendo las horas de descanso e higiene personal, ¿cuántas horas a la semana comparte con su familia? Me refiero a pareja e hijos si los tiene. ¿Sitios por los que discurre esa convivencia? ¿Cenas, comidas, aniversarios, cumpleaños? ¿Salidas al cine, a exposiciones, a comer? ¿Tiempo de televisión? ¿Viajes juntos? Tertulias, ¿tono, momento y temática habitual? Deporte, ¿como practicantes o como espectadores? ¿*Tête-à-tête* con la pareja? ¿Última escapada solos? ¿Próxima? ¿Planes, lugares más frecuentados? ¿Aficiones compartidas? Las vacaciones juntos, ¿un remanso de paz o un termómetro demoledor? ¿Y el resto de la familia, en su modalidad más amplia? ¿Padre, madre? ¿Trato, atención, cuidados, conversaciones, visitas, frecuencia? ¿Llamadas por teléfono? ¿Diarias, semanales, inexistentes? ¿Y hermanos, familia política? ¿Básicamente en Navidad, rito obligado o encuentran acomodo natural en mi agenda?

Su tiempo familiar ¿huele a responsabilidad, obligación, deber, sentido profundo de misión, entrega, sacrificio personal, servicio, o mantiene un hilo argumental asociado a la diversión, la alegría, la complicidad, el placer, el humor? Evidentemente habrá de los dos, pero ¿qué tono predomina? ¿Cuántos de sus instantes más mágicos están vinculados a su familia? ¿Cuántos de los acontecimientos más maravillosos de su historia? ¿Diría de usted que es generoso con su tiempo familiar o cicatero, más allá de razones que puedan explicar con mayor o menor fundamento sus ausencias?

La relación con el tiempo en familia –lugar donde es fácil refugiarse, conocerse, excusarse, agotarse, responsabilizarse, exponerse, entregarse, excederse, darse, engañarse, expresarse, encontrarse, vaciarse– acumula señuelos preciosos para descubrir el genuino rostro de nuestros sueños, logros y frustraciones. Recinto natural de nuestros mejores registros, la espontaneidad intrínseca a las relaciones familiares puede desembocar en errores de bulto o desencuentros que arrastran un tufillo de disgusto o fracaso. El tiempo familiar es más fiable que el tiempo profesional, social, dispone de menos excusas y caretas, por eso hay que seguirlo y reorganizarlo, acomodándolo a las etapas y los ciclos personales de cada miembro de la tribu.

Una consideración de última hora, ya apuntada páginas atrás. En general, ¿manejamos nuestro tiempo de ocio de modo reactivo, a remolque de los acontecimientos que se suceden, improvisando –ese es su destino y «grandeza»–, o nos adentramos en él de forma proactiva, adelantándonos a circunstancias y elementos exteriores que pueden devorarlo? Cuando planifico la agenda de la semana, del mes, del trimestre en curso, ¿incluyo partidas de ocio –deportivas, culturales, familiares, sociales…– o estas se hacen un sitio como buenamente pueden?

Si ha tenido la bondad de acompañarme hasta aquí, sabe por la lectura anterior que según mi filosofía y pensamiento la pregunta es retórica. Lo animo encarecidamente a meter proactivamente el ocio en su agenda, a codazos, como sea, solo así completará y complementará un negocio con vocación expansionista.

Acabo. Auscultada con cierta precisión y realismo nuestra verdadera agenda horaria, repensada nuestra auténtica distribución de tareas, decisiones, relaciones, conversaciones, citas, planes, actos, falta por examinar y perfeccionar nuestra agenda mental. Es decir, hasta qué punto somos capaces de unir mente y actividad, la que sea, manteniendo la concentración en el nivel que una vida de calidad requiere y merece. Cuando estudio, estudio. Cuando practico un deporte, ahí están mis cinco sentidos. Cuando charlo con alguien, participo activamente, hablando y escuchando. Cuando voy al cine, me quedo en la película. Cuando viajo, me atrapa el paisaje, la gente. Cuando leo, leo. Cuando trabajo, voy de tarea en tarea, paso a paso. Cuando ceno con mi familia, basta y sobra. Cuando medito, descubro el silencio sin que me perturbe. Y así sucesivamente. En definitiva, mi mente no divaga. Va de cita en cita disciplinadamente, la mejor manera de que al final del día el balance sea fructuoso. Hice muchas cosas porque solo hacía una. Vísteme despacio que tengo prisa, reza el dicho popular. Pues eso, vamos allá.

6.
La agenda mental

«Tenemos un terrible deber con el porvenir, que da a nuestras acciones todas un valor religioso, porque si algo de suculento ha de cocerse en los pucheros de nuestros nietos, habremos de comenzar a guisarlo ahora.»

JOSÉ ORTEGA Y GASSET

El Executive MBA del IESE es un programa por el que siento especial debilidad. No creo que sea porque tuve el honor de ser su director durante un período inolvidable de seis años. Treinta y dos años de media de edad, siete años de experiencia profesional *full time*, licenciados universitarios con variada gama de disciplinas académicas –diversas ingenierías (telecos, caminos, industriales...), economía, derecho, arquitectura, filosofía...–, trabajadores en distintos sectores o industrias –banca, consultoría, servicios, tecnológicas, etcétera–, gran empresa, pequeña y mediana, nacionales y multinacionales, los más, empleados por cuenta ajena, los menos, propietarios y accionistas, también hay liberales y autónomos, mayoría masculina, aunque afortunadamente las mujeres van ganando terreno. Este es a grandes rasgos el retrato robot de una promoción del EMBA, tanto en Madrid como en Barcelona.

En el transcurso del exigente programa, desde septiembre hasta mayo dos años después (20 meses), los participantes compaginan las actividades y los deberes inherentes a su desempeño profesional con los requisitos académicos para cursar con éxito el máster. En una secuencia semanal o quincenal (hay dos versiones), de lunes a viernes trabajan a pleno ritmo y dedicación en sus respectivas empresas, para centrarse los viernes por la tarde y los sábados por la mañana en el seguimiento del curso. Intercaladas a lo largo del programa se suceden tres semanas intensivas que transcurren entre Barcelona, Shanghái, Silicon Valley, São Paulo o Nueva York. El estudio individual de los casos, la discusión por equipos y la sesión general en clase, conducida por el profesor de la materia –finanzas, operaciones, *marketing*, liderazgo, economía...–, constituye el método habitual de trabajo y aprendizaje. En un formato con un marcado acento participativo, el debate y el diálogo se estimulan descaradamente. Conocimientos, habilidades y valores se cruzan constantemente mientras el alumno avanza por el currículo del programa. Recogiendo lo mejor de ambos mundos, el alumno vuelca en la oficina lo aprendido en clase, mientras lleva a esta los problemas y los retos de la realidad empresarial.

Independientemente del universo plural de inteligencias congregadas en el aula, de las diferentes trayectorias profe-

La agenda mental

sionales, de la diversidad de edades, culturas y situaciones familiares, todos los alumnos comparten un mismo reto. Fácil de comprender conceptualmente, llevarlo a la práctica no les resulta tan sencillo. Para ello tienen que evitar una tentación que los asalta constantemente. Me explico. Se comprende que teniendo que hacer el alumno un lunes una presentación ante su jefe y el resto del comité de dirección sobre la expansión internacional de la firma, por ejemplo, se distraiga el sábado en clase sobre el contenido y continente de su exposición. Y lo contrario también se da. Pensando en el examen de mañana de finanzas internacionales, recordando dos o tres dudas que quiere despejar con compañeros de su equipo, es lógico que su cabeza no escuche el discurrir de una reunión sobre un proyecto interdepartamental de la empresa.

Y ahí no acaban los frentes y las distracciones de una vida interpelada en distintas direcciones. Quizá la cena mano a mano del sábado con la pareja se ve invadida por casos, clientes, jefe, viajes, informes, que se coaligan para cargarse la magia de una velada desperdiciada. Y a ese triángulo –empresa, máster, pareja– añádase otras circunstancias personales –padres, hijos si los hay, amigos, ocio, inquietudes políticas, sociales…– que jalonan una vida variada y comprometida. ¡Menudo follón! Altamente probable que derive en caos, cansancio y hasta estrés.

¿Cuál es la mejor «terapia» para sortear ese peligro, culminar con éxito el programa emprendido, seguir creciendo en la misma empresa u otra y disfrutar el trayecto? No hay mejor medicina que atacar cada cosa a su tiempo, cosiendo las neuronas a la actividad respectiva. Si va de seguir la clase de operaciones, salto de pértiga para los de humanidades, cíñase el alumno a la lógica del problema logístico planteado. Si va de negociación de tú a tú con un proveedor complicado, el profesional debe imperar sobre el alumno, más tarde podrá estudiar. Y la misma disciplina y mentalidad debería regir sus horas de ocio y descanso. Solo una cosa, y a su tiempo; lo de la multitarea es una falacia sin base empírica que la sustente.

Hay factores determinantes que favorecen un alto nivel de concentración. En *The Inner Game of Work*, W. Timothy Gallwey señala uno capital: «¿Qué es lo que de verdad te interesa y gusta? Tus verdaderos intereses son mucho más importantes que estar pendiente de las expectativas que otras personas tienen sobre ti».[53] Es cierto. *Ceteris paribus*, manteniendo todas las demás variables constantes, es más factible centrarse en una actividad concreta si esta está ligada de un modo u otro a nuestras preferencias, habilidades naturales y gustos. Recuerdo que en mi etapa de alumno del EMBA me despistaba muy poco discutiendo las diversas escuelas de pensamiento sobre la naturaleza y la misión de la empresa moderna o sobre una decisión estratégica en relación con los valores y los estilos de dirección de una determinada cultura corporativa, pero, en cambio, mi cabeza se iba con más

---

53. Gallwey, W. Timothy. *The Inner Game of Work*. Nueva York: Random House, 2001.

La agenda mental

facilidad si el caso de marras era de *marketing* o de contabilidad analítica.

¿Cómo trabajar la concentración? ¿Qué hacer cuando divagamos por otros tiempos y espacios? El mismo Gallwey apunta un truco importante: «Si se trata de aprender a mantenerse *focus* –centrado–, el mejor objetivo es llegar a ser muy bueno en volver».[54] Es decir, si mentalmente me he ido de clase, de una negociación, de una conversación familiar, de lo que sea, en cuanto me doy cuenta de que estoy ausente, ya estoy presente. Volviendo pronto reduzco los períodos de ausencia y despiste. No es lo mismo deambular por las nubes 30 minutos que perderme cinco minutos, darme cuenta y regresar al momento. Reduciendo los lapsus de divagación mental, acortándolos en el tiempo, favorezco la concentración requerida. En lugar de que se convierta en objetivo inmediato y frustrante, identifico antes mi dispersión mental, la acepto y ella misma me devuelve al sendero perdido.

Desde el punto de vista del nivel de atención y disciplina mental, un día estándar mío puede ser una referencia válida. Imagino uno cualquiera. Después de dejar a mi hijo pequeño en la ruta del colegio, llego al IESE a las 8:15 de la mañana. Chequeo rápido la agenda de la jornada. Sobresale lo siguiente: a las 9 clase en un programa de dirección general. A continuación, desayuno con los mismos participantes de 10:15 a 10:45. A las 11:30 viene a visitarme un directivo, se plantea encerrarse con su equipo y ha pensado en mí como facilita-

---

54. Ibídem.

dor externo del *off-site*. A las 14 horas como con un cliente de *coaching* cerca de su oficina, en pleno centro de Madrid. Por la tarde quiero escribir mi columna de los miércoles en *Expansión*. Es lunes, tiene que estar el martes antes de las 4 de la tarde y mañana viajo a primera hora a una provincia española. Me lleva allí un nuevo caso de investigación, el trabajo de campo preliminar. De postre, a las 8, tengo clase en otro programa de la casa. Dependiendo de la época del año puede haber más o menos carga docente, investigadora o reuniones interdepartamentales, con otros colegas del claustro o con directivos del IESE. Salvo en agosto, mi colaboración con el periódico y mi actividad de consultor se mantiene viva y estable. No es casualidad que los últimos nueve libros del total de mi producción literaria los haya escrito en verano, entre julio y septiembre.

Durante el curso, en su trepidante ritmo, encuentro huecos para estudiar y redactar nuevos casos, publicar artículos de divulgación, pero el tiempo y la dedicación que un libro merece, su cadencia natural, resulta incompatible con el día a día del curso escolar. En agosto aprovecho la pausa para plasmar sobre el papel lo que se ha ido incubando antes, entregándome a una gimnasia diaria que me permite no perder el hilo conductor. Escrito el primer borrador, entre septiembre y octubre es tiempo de corregir, pulir, ampliar, subrayar, labor mucho más liviana que la de engarzar *ex novo* ideas e inquietudes propias a través de las palabras.

Recupero el lunes antes descrito. Cinco citas destacan sobremanera: dos clases abren y cierran el día y, entre medias, una reunión exploratoria sobre una posible colaboración futura, un *coachee* que pondrá a prueba mi capacidad de escuchar con empatía y empujar en la dirección correcta y un artículo sobre la actualidad más rabiosa que ahora mismo no tengo ni la más remota idea sobre lo que va a versar. Esos cinco compromisos suman solos alrededor de siete horas.

En ellos voy a concentrarme, uno por uno. Intento blindarlos del ruido exterior, lo que no significa que no atienda otros frentes. Mi tiempo favorito de estudio y lectura lo acometo en casa, nada más levantarme a las 6:30 con un café caliente. En mi despacho, antes de pensar en el caso para la clase de hoy, he contestado el correo de la mañana, solo unos *mails* madrugadores. Después del desayuno con los alumnos preveo despachar con mi secretaria, cotejando con ella la agenda de la semana, la logística de viajes, llamadas y visitas. Por la tarde, si me organizo bien, podría llevar a mi hijo a su clase de tenis, escribir mientras juega y luego dejarlo en casa camino de vuelta al IESE. Llegado allí, otra limpieza de correos, repaso del caso de la tarde-noche y, al finalizar, 9:15, tiempo de recogida y descanso familiar. Cena rápida, tertulia o serie televisiva, salvo que haya fútbol (Copa de Europa), libro, meditación y a dormir como un niño seis o siete horas. No le aburro más con un día normal de mi vida laboral. Sábados y domingos, familia y deporte se resarcen a gusto, cine o salir a cenar se sueltan un poco y la lectura se estira y multiplica sin reparo. Gracias a Dios, la naturaleza y el campo se insertan en nuestra vida de urbanitas de vez en cuando.

Mi agenda y yo

¿Cuál será la variable clave de mi rendimiento profesional? Limitado por mis carencias y defectos, sí puedo y debo trabajar mi capacidad de prestar atención exclusivamente a lo que me traigo entre manos. Ahora es la clase matinal, todo lo copa ella. Luego vendrá el desayuno más distendido. No tiene sentido pensar en la visita posterior. Y la entrevista de *coaching* a su tiempo, igual que el artículo y la clase vespertina. Identificado el factor diferencial, ¿cómo mantener la energía y la pujanza de la mañana? ¿Cómo avivar el pulso intelectual y vital? ¿Se puede estar ocho o nueve horas al mismo nivel? Claramente no, salvo que uno introduzca intervalos breves de recuperación, de recargar pilas. Después de clase llamaré a mi mujer, que me cuente qué día tiene. Antes de coger el coche y pelearme con el tráfico de Madrid, leeré un poco, poesía, un libro espiritual, ensayo breve, algo que me relaje y me enchufe a mi ser más profundo. Por la tarde me daré un paseo por el jardín, hay que aprovechar el maravilloso lugar que acoge el campus del IESE. También ayuda un café con un colega amigo riendo o charlando sobre lo que se tercie. Y de vuelta a casa, un poco de música relajante ayuda a hacer la transición de la oficina al hogar. Mis «restos» se van a encontrar con los «restos» de mi gente, y ser consciente del momento del día ayuda a saborearlo. Si no, choque de trenes.

En días menos apretados meto gimnasia o pilates (tres veces a la semana), disciplina adquirida a raíz de un tirón en las lumbares, o, con suerte, un partido de tenis al mediodía. Partiendo el día en dos mitades, a las 4 de la tarde percibo una energía con sabor a mañana. Sin cortes y descansos estratégicos, sin oportunas paradas en *boxes*, la cabeza se desliza peligrosamente por una pendiente resbaladiza y traicionera. Allá abajo, esperan escondidos rifirrafes, irritabilidad, conflictos y broncas evitables. Después de una reunión intensa de trabajo, cinco minutos en *off* –leyendo, paseando, meditando, bromeando– pueden renovar nuestro tanque de energía, despertando una sorprendente actividad neuronal. Por ejemplo, hace un rato hice una parada después de dos horas escribiendo. Di un paseo de 30 minutos, respiré hondo mientras disfrutaba de la naturaleza, y ahora me he enchufado otra vez.

En línea con Gallwey, Ken Robinson, en su obra *The Element*, subraya un elemento con el que no puedo estar más de acuerdo. A fuer de obvio, es crítico para sostener viva la atención: «Las cosas y actividades que te gusta hacer y aquellas en las que eres muy bueno marchan juntas. Aptitud natural y pasión».[55] En los brazos de ese binomio, talento y placer, es más fácil despertar nuestro interés y curiosidad, sosteniendo durante intervalos largos la concentración. Se está entonces en un estado de ánimo y confianza que aúna tensión y serenidad. En el mundo del básquet se denomina estar en la zona, «*to be on the zone*». «Ahí estamos *focus*, intensos. Vivimos en el momento. Nos perdemos en la experiencia y rendimos a nuestro mejor nivel. Nuestra respiración cambia, nuestra

---

55. Robinson, Ken, y Aronica, Lou. *The Element*. Nueva York: Viking, 2009.

mente se fusiona con el cuerpo y nos sentimos empujados sin apenas esfuerzo en el corazón del "*element*"».[56]

En plena armonía con el tiempo, en total comunión con lo que estamos haciendo, el paso se aligera, parece que la mente se relaje al mismo tiempo que permanece centrada en la tarea. Daniel Coyle en *The Talent Code*[57] habla de *sweet spot*, un momento dulce y rentable, extraña pareja. En este apasionante territorio, un libro de obligada lectura, un clásico, es *Flow*, de Mihály Csíkszentmihályi.[58] Llegar al punto donde nuestra cabeza es capaz de compaginar verbos con un marcado acento racional –pensar, analizar, planificar, etcétera– con otros más intuitivos e inefables –sentir, intuir, fluir, imaginar, atisbar, etcétera– supone la cumbre de una fructífera actividad mental.

Phil Jackson, legendario entrenador de la NBA, es un hombre que ha hecho de la fortaleza mental, de la capacidad de concentración de sus pupilos, un elemento distintivo. Devoto de sistemas muy trabajados, entregado con entusiasmo a la disciplina táctica, nada deja a la improvisación, al azar. Sabe que la fina línea divisoria que separa a los campeones de los aspirantes a la gloria está trazada por la mente. De ahí que una de sus rutinas sea tener sesiones periódicas de meditación con sus jugadores, incluidos los días

---

56. Ibídem.
57. Coyle, Daniel. *The Talent Code*. Nueva York: Bantam, 2009.
58. Csíkszentmihályi, Mihály. *Flow*. Nueva York: Harper Perennial Modern Classics, 2008.

La agenda mental

de partido. En compañía de uno de sus pupilos favoritos, Pau Gasol, en una cafetería de Los Ángeles, charlamos largo y tendido sobre esta última frontera mental.[59] El músculo que más han trabajado todos los grandes es la mente, esta es la que dirige el resto de las operaciones. Hace ya años, en otro de sus libros, *Sacred Hoops*, Jackson lo describía muy bien: «El baloncesto es un baile complejo. Para dominarlo con maestría, hay que ser capaz de cambiar de objetivo a la velocidad de la luz, es necesario tener la mente despejada en todo momento y centrarse en todo lo que hacen los que están en la cancha. Algunos atletas describen esta capacidad mental como concentrarse para aislarse. Esto implica acallar a todo el mundo y ser más y más consciente de lo que pasa ahora, en este preciso instante».[60] Este minuto, este segundo, no hay más, lo que hagamos en él marca la diferencia en un partido de una hora y media. Pau me ha llegado a reconocer que el aislamiento mental puede llegar a tal nivel que no oyes los aplausos, los silbidos, solo tú, la pelota y la canasta. La jugada se planifica antes, pero si en el momento de ejecutarla la piensas mucho, fallarás a menudo. El genio está en sentirla, en jugar como un niño, en fluir con la experiencia. Curiosamente, si eres demasiado consciente de lo que haces, no lo harás.

---

59. Álvarez de Mon, Santiago, y Flores Alonso, Juan Enrique. *Caso de Investigación del IESE*, DPO-375, *Pau Gasol: una carrera internacional*, mayo de 2015.
60. Jackson, Phil. *Sacred Hoops*. Hyperion: Nueva York, 1995.

Mi agenda y yo

Rafa Nadal, nuestro gran campeón de tenis, es otro exponente extraordinario. De lejos su mejor golpe es su capacidad mental, su habilidad para administrar la tensión y jugar los puntos culminantes del partido con determinación y confianza plenas. Donde otros se encogen y bloquean pesarosamente, los brazos no hacen más que seguir los dictados temerosos de la mente, él se estira desplegando oportunamente su arsenal de juego. Y cuando su tenis no ha estado a la altura de su increíble palmarés, más allá de lesiones inoportunas, la clave hay que buscarla en su cabeza. Donde había convicción, descaro, un optimismo irrefrenable, una energía imparable, aparecieron dudas y bloqueos mentales que limaron su rendimiento. El partido interior, el que uno juega con o en contra de uno mismo, determina en gran manera el resultado del partido exterior. El drama de muchos jugadores es que pierden este porque no saben manejar aquel, poner un poco de orden, ilusión, atención, serenidad y optimismo en su conversación interior.

Si abandono el inagotable mundo del deporte, su dinamismo, ilusión, movimiento y presión extraordinarios es una veta riquísima de aprendizajes, y me dirijo a un ámbito más intelectual, el argumento de fondo permanece intacto. R. W. Emerson es un filósofo norteamericano que goza de mi lealtad y admiración. Su ensayo *Self-reliance* ocupa un lugar privilegiado en el conjunto de lecturas que me han marcado y nutrido a la vez. Las dosis de sufrimiento y prueba que tuvo que pasar —perdió a su primera mujer y a uno de sus hijos— no hicieron más que forzarlo a profundizar en los misterios

La agenda mental

de la existencia humana. En búsqueda de su anhelada paz interior se retiraba asiduamente a la naturaleza, encontrando en ella un interlocutor majestuoso. Sus palabras sobre el fenómeno de la intuición, sobre el proceso humano de tomar decisiones, merecen ser releídas y subrayadas. «La investigación nos lleva a esa fuente que es a la vez el origen del genio, de la virtud y de la vida que designamos con el nombre de espontaneidad o instinto. Llamamos intuición a esta sabiduría primaria, mientras que todas las enseñanzas posteriores son aprendizaje. En esa fuente profunda, hecho último ante el cual se detiene el análisis, está el origen común de todas las cosas.»[61] Aquí reside el quid sobre la excelencia personal, sobre el misterio de nuestro rendimiento mental.

¿Cuál es la diferencia entre un directivo ortodoxo y previsible y un emprendedor heterodoxo, apto para sorprender, iluminar, comprometer? ¿Qué tienen en común las decisiones más sabias, prudentes, productivas, valientes, originales, de nuestra vida? ¿Cómo las tomamos? ¿Dónde? ¿Qué hacíamos? ¿Me equivoco si apunto en una dirección repleta de sorpresas? ¿Paseando, haciendo deporte, cuidando el jardín, escuchando música, tomando una ducha, leyendo, enfrascados en una tertulia, conduciendo, paseando, en contacto con la naturaleza...? Después de trabajar, de currarnos el asunto de marras, encontramos ese punto de luz cuando nos retiramos a otro rincón de la mente. ¿Cuándo esa conversación devie-

---

61. Emerson, Ralph Waldo. *Ensayos escogidos*. Buenos Aires: Espasa Calpe, 1951.

ne en catarsis transformadora, en encuentro mágico de dos mentes y dos corazones? ¿Cuándo el mapa ya no nos sirve y sentimos los latidos de la tierra? ¿Cuándo el análisis y la planificación se mudan en imaginación y ocurrencia inexplicables? La respuesta exige rastrear esa fuerza profunda de la que habla Emerson, seguir la pista de ese olfato, instinto, llamado intuición. ¿Cómo se llega a ella? ¿Buscándola nos acercaremos a ella o, paradójicamente, se tornará más esquiva e inalcanzable? Encontrar, chocar con lo imprevisible, con lo nuevo y fresco, es otro tipo de experiencia. Es la prueba inequívoca de una inteligencia prodigiosa.

Con objeto de aventurarme en una vereda que conviene transitar, Jim Loehr puede ser un buen compañero de viaje. Acostumbrado a tratar con deportistas de élite, el maravilloso puzle de la mente humana le ha merecido siempre horas de estudio y observación. En *The Power of Full Engagement* recoge algunas de sus conclusiones más clarividentes y testadas. «Construimos nuestra capacidad emocional, mental, espiritual, de la misma manera que trabajamos nuestra capacidad física.»[62] Obviedad incontestable, la traicionamos llevados por la desidia y la inconsistencia. Pienso en los amigos, familiares, alumnos y clientes que conozco bien y son asiduos corredores de maratón. Con una rutina espartana que habla con elocuencia de su motivación y fuerza de voluntad, organizan su régimen de entrenamiento y de comidas con

---

62. Loehr, Jim, y Schwartz, Tony. *The Power of Full Engagement.* Nueva York: Free Press, 2003.

La agenda mental

una seriedad y un rigor propios de profesionales. Cuando se acerca el día de la prueba, si voy a comer con alguno de ellos, sé que toca comida italiana, pasta, que afortunadamente me encanta. Ya no te quiero decir los amantes del triatlón. Tengo un alumno-amigo que alucino con él. Su disciplina y espíritu de trabajo para mantenerse en forma son admirables, aunque a veces me reconoce que se pasa unos cuantos pueblos. Él mismo se ríe de su locura deportiva, señal de su cordura.

Aunque bajemos un escalón de exigencia y compromiso, si yo quiero mejorar mi tenis y recuperar mis mejores golpes de antaño, sé que toca practicar en la pista, cuidando antes y después mi obligada sesión de estiramientos. Un caso concreto y cercano. Escribo estas líneas en los últimos días de agosto. Me he venido a Suiza invitado a casa de mi hermana pequeña y mi cuñado buscando un maravilloso remanso de paz. Entre paseos por una naturaleza generosa y verde, comida sana y rica, tertulias distendidas, excursiones a la montaña, deporte y algún que otro escarceo al centro antiguo de Zúrich, transcurren mis días de escritor protegido y mimado. Me he traído conmigo al pequeño de mis cinco hijos, Gonzalo. Ayer fui a verlo a una clase de tenis con un profesor norteamericano. La palabra más repetida durante los 90 minutos de trabajo continuo fue consistencia. Profesional experto y comprometido, le trabajó tanto la cabeza como brazos y piernas. Un chaval de 12 años quiere dar golpes ganadores. *Aces* violentos, voleas impecables, *passing-shots* inalcanzables, *winners* de *drive* y de revés se agolpan en la mentalidad de un niño que juega al ataque. Lógico

Mi agenda y yo

y natural en esa edad, lo contrario sería preocupante. ¿Porcentaje de aciertos? ¿Errores no forzados? ¿Puntos regalados al contrincante? En búsqueda de un equilibrio que aúne seguridad y buen ritmo de bola, incómodo para el contrario, el mantra de la sesión era consistencia. ¿Cómo se consigue esta? A base de ejercicios, que, machaconamente repetidos, consiguen su propósito.

Ejemplo: el saque. A ver si consigues 10 seguidos a la te del cuadro de recepción. Al *coach* no le interesa tanto la potencia del golpe, siempre ruidosa y llamativa, como el control y la armonía del movimiento. No fue fácil conseguir el objetivo, pero una vez logrado había que ver la cara de mi hijo. Ahora lo mismo con el revés cruzado *liftado*, con el cortado, con los *smash*. En el tiempo del *drive*, con ese golpe quiere romper la bola, reitera la meta que quiere alcanzar: seguridad, control, consistencia. Al final de la sesión llegó a cruzar con su entrenador un montón de golpes a un ritmo y seguridad sorprendentes. Cientos de bolas, cubos, tirados por la pista para fijar los objetivos, nada nuevo bajo el sol. El talento trabajado, vía repetición, se hace consistente y natural, se expresa en modo piloto automático.

Insiste Loehr: «Desarrollar rituales requiere definir comportamientos muy precisos, ejecutarlos en tiempos muy específicos, motivados por valores profundamente arraigados».[63] Algunas repeticiones gestuales de los mejores deportistas pueden parecernos tics de locos, manías incomprensibles,

---

63. Ibídem.

La agenda mental

nervios descontrolados, pero es justo lo contrario, tienen su lógica y razón de ser. El desarrollo de ciertos rituales nos permite relajar la tensión y ahorrar una energía que necesitaremos para otros menesteres.

La secuencia que hay que seguir para llegar a un estadio superior de dominio y renovación permanentes sería como sigue. Primer paso, elección correcta entre las distintas opciones, ordenando los criterios más importantes que tener en cuenta. Segundo paso, traslado de lo decidido a una acción concreta en el tiempo y en el espacio. Solo conductas específicas y efectivas nos catapultan a otro nivel de aprendizaje. Tercer paso, practicar, practicar, practicar. Repetir, repetir, repetir. Así pasamos del comportamiento frágil y tierno, sujeto con alfileres, al hábito sólido y arraigado. Desde el comportamiento aislado transformado en costumbre cotidiana, todo resulta más simple. Se adquiere una velocidad de crucero, una soltura y un desenvolvimiento naturales, una confianza y una autoestima que son consecuencia feliz de un entrenamiento diseñado a esos efectos. Así aprendimos a caminar, a hablar en nuestra lengua materna, a correr, a montar en bici, a leer, a nadar, a escribir, a conducir. ¿Qué nos hace pensar que el desarrollo de nuestra capacidad mental, de nuestra concentración, se rige por patrones distintos?

¿Cuál es la diferencia entre el mundo de los niños y el de los adultos? Estos están maleados, llenos de vicios y prejuicios. Aquellos todavía se mantienen mentalmente vírgenes, con ellos se trabaja sobre un receptáculo limpio y vacío. Por eso muchas veces el proceso adulto de aprendizaje implica desaprender, librarse de hábitos nocivos –los hay buenos y malos– que nos impiden progresar. ¿Cómo hacerlo? El mismo tenis me señala el camino que debo seguir. Si después de sacar durante 40 años con un efecto cortado, ahora quiero *liftar* la bola para complicarle el resto a mi oponente, cualquier entrenador mediano me aconsejaría cambiar la empuñadura de mi raqueta. Me indicará cómo lanzarme la bola, no es igual el primero que el segundo saque, y allá vamos. ¿Cómo lo haré al principio? Bastante peor. Habré abandonado las aguas cálidas de lo conocido, antes no hacía *aces*, pero tampoco dobles faltas, para sumergirme en otras más frías y oscuras. Si persevero en el intento, si me armo de paciencia, humildad, mi saque alcanzará un nivel sorprendente. Igual que la concentración se trabaja y fortalece identificando cuanto antes la dispersión mental, solo así vuelvo al camino perdido, los malos hábitos no se superan declarándoles la guerra a muerte. Se trata de apostar, en una batalla desigual entre hábitos viejos y feos –mi saque cortado– y hábitos nuevos y sanos –mi nuevo servicio *liftado*–, por este segundo. Al principio llevaré las de perder, pero con el tiempo se irá haciendo un espacio que desplazará el primero al museo de la historia. A este respecto, para los amantes del deporte, para los creyentes de que nunca es tarde para creer, aconsejo la lectura de *Late to the Ball*, de Gerald Marzorati. Es un canto a la juventud espiritual y mental, al afán de superación de su protagonista, un chaval de 60 años.[64]

---

64. Marzorati, Gerald. *Late to the Ball: Age. Learn. Fight. Love. Play Tennis. Win.* Nueva York: Scribner, 2016.

La agenda mental

Aquello a lo que nos resistimos –un saque defectuoso, una distracción continua, un impulso repetido…– se hace más fuerte y resistente, y se puede enquistar y cronificar. Si en lugar de impacientarnos entendemos su origen y mecanismo de actuación, observamos y aceptamos su arraigo y ascendencia, trabajando un plan alternativo, una respuesta diferente, accederemos a regiones nuevas de una mente que creíamos prisionera eterna de un pasado, que, si lo dejamos solo, se repite machaconamente.

Por todas estas consideraciones el cultivo inteligente de una relación fresca y armoniosa con el tiempo, donde consigamos quedarnos quietos en el aquí y el ahora, es un acto de la voluntad que exige un ejercicio continuo de carácter. En un libro que le recomiendo vivamente, *Mindset*, Carol Dweck define el carácter como «la habilidad y actitud para profundizar en nuestro interior y encontrar la fortaleza de ánimo, especialmente cuando los acontecimientos y episodios de la vida están contra ti».[65] Elemento decisivo que acredita el buen liderazgo, este no va tanto de inteligencias preclaras y finas, como de un coraje y una determinación insuperables. Piense en los líderes que admira. Los míos –Mandela, Gandhi, Teresa de Calcuta, Vaclav Havel, Martin Luther King, el papa Francisco…– son testimonio personal de una apuesta decidida y singular por valores universales e intemporales, por principios filosóficos que nos definen como especie, que explican nuestra última dignidad.

---

65. Dweck, Carol. *Mindset*. Nueva York: Ballantine Books, 2007.

Mi agenda y yo

No me extiendo más sobre la importancia del carácter en una convivencia construida en torno a valores nobles. Simplemente afirmo que sin él, sin una personalidad decidida y perseverante entrenada en la paciencia, la humildad, la tenacidad, la honestidad, no cabe alcanzar la capacidad de concentración necesaria para una era ruidosa e hiperactiva. En ese empeño la obra de Carl Jung me es de mucha utilidad. Como sabe, compaginaba su atención a los pacientes en su clínica de Zúrich con sus trabajos de investigación. Para escribir se retiraba a Bollingen, lugar ideal para encontrar el tono mental y emocional requerido. En *Civilización en transición*, cuenta que «debe escucharse la voz de la naturaleza, que nos habla desde lo inconsciente. Entonces estará cada cual tan ocupado consigo mismo que renunciará a querer organizar el mundo [...]. Si las cosas grandes andan mal es únicamente porque los individuos andan mal, porque yo ando mal. Así pues, será razonable empezar por enderezarme a mí mismo».[66]

Escéptico de los líderes que aspiran a cambiar la sociedad sin hacer previamente un riguroso y paciente trabajo personal de renovación y descubrimiento, Jung puso el énfasis en la microrrealidad de cada hombre y mujer, único camino para llegar a la comunidad. En esa ardua tarea artesanal el vasto y misterioso mundo del inconsciente le ocupó tiempo y esfuerzo. Vendría a ser como bajar al sótano de la casa con una linterna, sin miedo y explorar todos los recovecos y espacios donde se apilan multitud de objetos y enseres viejos. Sería

---

66. Jung, Carl. *Civilización en transición*. Madrid: Trotta, 2001.

La agenda mental

como sacarlos a la superficie, desempolvarlos, limpiarlos, exponerlos a la luz, comprobar su estado de conservación y decidir en consecuencia. Actuar con las zonas más recónditas de la mente como un experto anticuario. Sin esa labor de exploración y análisis podemos quedar prisioneros de nosotros mismos, víctimas de ángulos ciegos de nuestra personalidad que nos dominan por ese desconocimiento y aprensión.

> «Lo inconsciente de uno se proyecta en el otro, es decir: lo que uno pasa por alto en sí mismo se lo reprocha al otro. Este principio es de tan sospechosa universalidad que cada vez que tenemos que manifestar nuestro enojo sobre alguien haríamos bien en sentarnos antes y considerar detenidamente lo que significa para nosotros mismos lo que achacamos a la otra persona.»[67]

En psicología se llama efecto proyección. Los rasgos y defectos de los otros que más me irritan, que me sacan de mis casillas, son una señal segura para llegar a mi núcleo personal, protegido celosamente. Otra muy segura es identificar las opiniones y los comentarios que me ponen en guardia, irritable, a la defensiva. Cada vez que subo el timbre de voz, grito, me apasiono en exceso, hay más inseguridad que saber, ignorancia que conocimiento. Por eso es tan importante realizar un trabajo de reconocimiento y estudio del arsenal de pensamien-

67. Ibídem.

tos, sentimientos y emociones que se ocultan en el sótano de mi inconsciente. Vienen a ser mi caldera emocional y afectiva, a veces a punto de hervir. Identificarla y aceptarla por sí mismo me transforma. Si acierto a verbalizarla serenamente, dejará de esclavizarme y estaré en condiciones de entrar en contacto y vivir otros pensamientos y sentimientos más positivos. Y siempre, en ese laborioso proceso de autodescubrimiento, pensar que lo importante es la naturaleza y el sentido de mis actos, la forma de comportarme con los demás.

Parece evidente que si queremos reinar sobre una mente interrogada y exigida desde tantas instancias, también debemos abordar en diálogo franco y honesto el sustrato último de nuestros pensamientos y sentimientos más íntimos. Si no, seremos blanco fácil de secuestros emocionales y viviremos superficialmente en la espuma de los acontecimientos que jalonan nuestra vida. ¿Cuáles son los valores primordiales que presiden mi vida? ¿Los practico, ocupan un lugar privilegiado en mi agenda o se quedan en sermón teórico? ¿Cuáles son mis temores, mis dudas, mis miedos más recónditos? ¿Cuáles son mis sueños e ilusiones más inspiradores? ¿Propios, ajenos? ¿Alcanzables, utópicos? ¿Cuáles son las principales características de mi carácter? ¿Qué aspectos de él me son desconocidos? ¿Impacto que ejercen? ¿En qué tiempo vivo? ¿Grado de conciencia, de alerta mental? ¿Cuántas cosas olvido, nombres, citas, relaciones, etcétera? ¿Estado de forma de mi memoria? ¿La ejercito?

Se antoja complicado enfrentarse a este tipo de cuestiones sin entrenarnos un poco a diario. Y esto incluye re-

La agenda mental

cuperar o profundizar en nuestra relación con el silencio y la soledad, los dos grandes ignorados, ambos pueden ser excesivamente elocuentes. ¿Qué tiempo y espacio ocupa la meditación en un día cualquiera de mi vida? ¿En qué consiste? ¿Juzgar, pensar, analizar lo que pasa? ¿Un medio para alcanzar un determinado objetivo? ¿O entrar en contacto con lo que acontece, observar la realidad tal cual es, sin pantallas distorsionantes? Por ejemplo, si soy capaz de seguir el tráfico mental de pensamientos que entran y salen sin mucho control, si soy plenamente consciente de unos y otros, sin juicios de valor, el número de ellos tenderá a decrecer. Inconsciencia y cantidad van de la mano. Del mismo modo, si mi observación me permite entrar en contacto con el ruido interior de mi mente, con sus idas y venidas, si no lo rechazo y deja de tensarme, el silencio tendrá una oportunidad de colarse y hasta prolongarse un rato. Paradojas interesantes, deberíamos entender sus aparentes contradicciones, conservar intuiciones cruciales para vivir más despiertos y atentos.

Como constata un alumno aventajado, ya experto practicante, Pablo d'Ors, el asunto dista mucho de ser simple y rápido. «Estar atento a las propias distracciones es mucho más complicado de lo que uno se imagina.»[68] En ese reto que se impuso a sí mismo encontró un aliado queridísimo en el silencio. «Me centré en lo que estimé que era más determinante: el silencio. Me refiero tanto a lo que hay en el silencio

68. D'Ors, Pablo. *Op. cit.*

como en el silencio mismo, que es una auténtica revelación.»[69] A continuación dice algo con lo que muchos de nosotros nos sentimos plenamente identificados: «Para alguien como yo, occidental hasta la médula, fue un gran logro comprender, y empezar a vivir, que yo podía estar sin pensar, sin proyectar, sin imaginar, estar sin aprovechar, sin rendir: un estar en el mundo, un confundirme con él».[70] Estar, tan fácil y tan difícil. Y una obviedad que pasa desapercibida. Cuanto más deporte hago, más me apetece. Cuanto más leo, más ganas tengo de leer. Cuanto más practico mis *hobbies*, más tiempo libero para su disfrute. La misma regla funciona para la meditación: «Porque cuanto más te sientas a meditar, más te quieres sentar».[71] Y el resultado de esa práctica cotidiana, de esa costumbre diaria, es un encuentro amable y comprensivo con uno mismo. «Normalmente vivimos dispersos, es decir, fuera de nosotros. La meditación nos concentra, nos devuelve a casa, nos enseña a convivir con nuestro ser.»[72]

Ya convencidos de su bondad y necesidad, formulo algunas preguntas. ¿Qué técnica o método utilizo para meditar? ¿Qué dominio tengo del arte de respirar? ¿Sigo esa diástole mágica o intento alterar su ritmo? ¿En qué objetivos fijo la mirada? ¿Grado de tensión corporal acumulado? ¿Lo identifico y acepto como estadio anterior a la relajación? ¿Dónde medito? ¿A

---

69. Ibídem.
70. Ibídem.
71. Ibídem.
72. Ibídem.

qué hora? ¿En qué posición? ¿En movimiento, parado? ¿Cuánto tiempo? ¿Con qué periodicidad? ¿Me quedo dormido?

Preguntas prácticas, muy operativas, que pueden ponernos en evidencia. De todos los objetivos que se ponen muchas de las personas que conozco, probablemente este sea el que más se saltan. Cumplimiento errático, con un marcado acento utilitarista, no pasa de moda o propósito pasajero y superficial. Solo una minoría lo vive y experimenta como una costumbre imprescindible, como un hábito fuertemente interiorizado. Para llegar ahí ayuda mucho repensar nuestro nivel de paciencia. Sin ella no puedes meditar, y con ella la meditación sube otro escalón. ¿Cómo trabajarla? Igual que la concentración. En vez de perseguirla obsesivamente, identificar la impaciencia en cuanto surge. Observarla, seguir sus causas y circunstancias –un atasco de tráfico, un conocido que habla muy lento, escuchándose a sí mismo, una cola, una voz estridente, un narcisista engolado…–, aceptarla, contar hasta tres, en muchos casos hasta diez, respirar hondo, y en paz con la impaciencia, flirteando con ella, la paciencia se va posando progresiva y lentamente en nuestra forma de ser y de estar. Las prisas no son buenas para nada.

Como reivindica Stephen S. Hall en su libro *Wisdom*, esta es una dimensión distintiva de la sabiduría. «La paciencia es el terreno donde se libra la batalla entre ahora y después, premios inmediatos versus gratificación diferida, impulsividad versus prudencia.»[73] No es fácil ganar ese pulso entre la satis-

---

73. Hall, Stephen S. *Wisdom*. Nueva York: Knopf, 2010.

Mi agenda y yo

facción instantánea –un trozo más de chocolate, holgazanear entre sábanas, el *sillónball* delante de la tele, una copa más, etcétera– y el incentivo posterior –mejor digestión, sensación de plenitud, deberes cumplidos, día fructífero, etcétera–. La impaciencia típica de la mentalidad adolescente que lo quiere todo para ya se apodera también de adultos poco entrenados en la paciencia para hacer del tiempo un aliado fiable y no un tirano exigente y caprichoso. Ser capaz de diferir la gratificación es un rasgo distintivo de madurez y excelencia. Si no se persevera a base de tenacidad y sabiduría en esa tensión entre lo fácil, tangible y presente y lo difícil, inasible y venidero, la resaca puede ser monumental. «El futuro desaparece en una niebla de deseo irreversible y rendición inevitable.»[74] Un presente administrado irresponsablemente, dejándonos llevar por estímulos tramposos, inminentes, hipoteca un futuro que no será.

En un libro cuyo título ya lo dice todo, *Patience*, Allan Lokos pondera la importancia de una mirada paciente, amable y atenta. Parte de una obviedad que a fuer de serlo puede pasar desapercibida. «Cuanto más practico la paciencia, más paciente soy.»[75] Elemental, querido Watson. No seremos nada, pacientes, cultos, serviciales, generosos, trabajadores…, si no movilizamos un día sí y otro también nuestra voluntad. Músculo agradecido, se fortalece y tonifica con el ejercicio.

74. Ibídem.
75. Lokos, Allan. *Patience*. Nueva York: Tarcher Perigee, 2012.

La agenda mental

«La paciencia me permite hacer una pausa entre una experiencia equis y mi respuesta. Me ayuda a ser consciente de mis pensamientos y sensaciones, momento a momento, de un modo imparcial y desapegado.»[76] En esa pausa estratégica, en ese hiato entre el estímulo y mi reacción, brindo una oportunidad a mi libertad interior, a la razón, para elegir una respuesta inteligente y responsable. Nada de eso se consigue desde la impaciencia y la intransigencia. Paciencia casa con muchas causas nobles —felicidad, paz, humor, sabiduría, equilibrio, mesura, empatía, amistad, amor, etcétera—, por eso cuando se retira de nuestro radar todo se torna más complicado y evasivo. Valor decisivo, actitud crítica, no basta con entenderla, hay que sentirla y vivirla… sin forzarla, sería una dolorosa contradicción. Recuerdo la oración de san Agustín: «Dios mío, Dios mío, dame la virtud de la paciencia, pero dámela YA». Las mayúsculas son mías, por si acaso.

Si me animo a seguir ejercitándome con paciencia y espíritu maratoniano en la meditación diaria, esta me lleva inexorablemente a un presente vivido con serenidad y plena conciencia. Este es el tiempo en el que tiene lugar, su marco natural, aquel que quiere apresar. Este es el tiempo real por el que discurre la vida. A él dedico el último capítulo. Es la parada obligada e inexcusable de un texto redactado en torno a la relación del ser humano de hoy con su tiempo, tal como cada uno de nosotros lo interpretamos y vivimos.

76. Ibídem.

7.
Un pequeño entre gigantes

«A la vuelta de la esquina un ángel invisible espera;
una vaga niebla, un espectro desvaído
te dirá algunas palabras del pasado.
Como agua de acequia, el tiempo
cava en ti su arduo trabajo
de días y semanas,
de años sin nombre ni recuerdo.
A la vuelta de la esquina
te seguirá esperando vanamente
ese que no fuiste, ese que murió
de tanto ser tú mismo lo que eres.
Ni la más leve sospecha,
ni la más leve sombra
te indica lo que pudiera haber sido
ese encuentro. Y, sin embargo,
allí estaba la clave
de tu breve dicha sobre la tierra.»

ÁLVARO MUTIS

Mi agenda y yo

La vida de Helen Keller es una mina en aprendizajes y mensajes esperanzadores. Cuando tenía un año y medio de edad se quedó ciega y sordomuda. Pese a esta severa limitación física, con la ayuda de su adorada maestra, Anne Sullivan, fue capaz de obtener su diploma de *Bachelor of Arts*, distinción *cum laude*, por la Universidad de Radcliffe, apéndice femenino de Harvard. Autora de varios libros, destacaría *Optimism*,[77] *The World I Live In*[78] y su autobiografía, *The Story of My Life*.[79] Llegó a protagonizar dos funciones teatrales en los escenarios de Nueva York. Entre otros galardones recibió la Medalla Presidencial de la Libertad de manos del presidente norteamericano Lyndon Johnson. En *The Pursuit of Perfect*, Ben-Shahar recoge una anécdota sobre ella que describe fielmente su actitud ante la vida. Keller interroga a un amigo después de haber dado un paseo. «¿Qué has visto? Nada en particular, responde. Añade Keller: Me pregunto cómo es posible caminar durante una hora por los bosques y no apreciar nada. Yo, que no puedo ver, encuentro cientos de cosas: la delicada simetría de una hoja, el estado rugoso de un pino… Estando ciega puedo dar pistas a aquellos que pueden ver.»[80] Llamativa paradoja, ejemplifica perfectamente el arsenal de recursos e instintos alternativos desarrollados por Keller, e ilustra

---

77. Keller, Helen. *Optimism*. Boston: T. Y. Crowell, 1903.
78. Keller, Helen. *The World I Live In*. Nueva York: The Century Co., 1908.
79. Keller, Helen, y Sullivan, Anne. *The Story of My Life*. Nueva York: Doubleday, 1903.
80. Ben-Shahar, Tal. *The Pursuit of Perfect*. Nueva York: McGraw-Hill Education, 2009.

visualmente el modo de caminar de tantas y tantas personas. Distraídos, somnolientos, pensando en las musarañas, no reparamos en multitud de detalles y matices que harían nuestra caminata más grata e instructiva. Ese árbol de la esquina, ese edificio de siempre, esa mirada huidiza, esa puesta de sol, esa estatua de un ciudadano ilustre…, ajenos a nuestro radar, bajo sus efectos, nos enseñarían muchas cosas.

Exprimidos sus sentidos, Keller empuja a la gente a vivir, tarea importante, con un sentido de urgencia que echa de menos. «Usa tus ojos como si mañana fueras a quedarte totalmente ciego. Escucha la música de las voces, las canciones de un pájaro, los grandiosos compases de una orquesta, como si mañana fueras a quedarte sordo. Toca cada objeto como si mañana perdieras tu sentido del tacto. Huele el perfume de las flores, saborea con gusto cada bocado, como si mañana no pudieras ni oler ni degustar. Aprovecha cada uno de los cinco sentidos. Glorifica todas las facetas, placeres y belleza que hoy el mundo te muestra y revela.»[81] Sabiduría vital de una mujer ciega que ve cosas que a mí se me escapan continuamente.

A base de coraje y voluntad ha hecho de su limitante adversidad física una fuente de abundancia y gratitud hacia la vida. En la rutina de días tirados en serie, en el plácido discurrir de acontecimientos repetidos, en la seguridad de que habrá un mañana para hacer lo que hoy pospongo, se nos escurren entre los dedos oportunidades magníficas porque

---

81. Ibídem.

nuestra atención se pierde y difumina entre certezas falsas. ¿Tenemos que perder la salud para apreciarla? ¿Se tiene que morir un ser querido para sentir y expresar nuestro amor? ¿Solo en la intensidad de lo nuevo, de lo desconocido, se espabila mi concentración? ¿Por qué me diluyo en la normalidad? ¿En qué tiempo descubro la energía y la vitalidad para movilizar los cinco sentidos, como me urge Keller, y exprimir la aventura de vivir?

Thoreau, otro ilustre pensador norteamericano, escritor, hombre original –todos deberíamos serlo, no es nuestro destino ser fotocopias–, amante del silencio, devoto de la soledad como una de las tres sillas que sostienen su cuerpo, las otras dos son, en palabras suyas, la amistad y la sociedad, en su obra maestra, *Walden*, fija claramente el tiempo preferido de cualquier persona que quiera penetrar en los meandros del río de la vida. «Siempre he tenido ansias de mejorar el momento y de hacerlo mío; de detenerme en la encrucijada de dos eternidades, el pasado y el futuro, que es precisamente el presente, y vivirlo al máximo.»[82] Bisagra delgada y fugaz entre esos dos pesos pesados, lo que uno y otro acaben siendo depende en gran manera de nuestra experiencia del presente. ¿Dónde vive la esperanza, el optimismo de cara al futuro? En el presente. ¿Y los recuerdos del pasado, las imágenes de nuestra historia personal? En ese mismo presente.

---

82. Thoreau, Henry David. *Selected Works*. Nueva York: Houghton Mifflin, 1975.

Un pequeño entre gigantes

Acostumbrados a mirar hacia atrás y hacia delante, nos preocupamos por la longitud de nuestra biografía, cuando lo que está a nuestro alcance es la amplitud del día de hoy. Cuanto más ancho sea, cuantas más personas y enseñanzas quepan en él, más posibilidades de que nuestro viaje sea largo y fecundo. En ese afán de vivir intensamente el presente, de descifrar sus códigos y reposar en su regazo, Thoreau se retiraba con frecuencia a los bosques en búsqueda de su llave maestra. «Fui a los bosques porque quería vivir con un propósito; para hacer frente solo a los hechos esenciales de la vida, por ver si era capaz de aprender lo que aquello tuviera por enseñar, y por no descubrir, cuando llegara mi hora, que no había siquiera vivido. No deseaba vivir lo que no es vida, ¡es tan caro el vivir!, ni practicar la resignación, a menos que fuera absolutamente necesario. Quería vivir profundamente y extraer de ello toda la médula; de modo tan duro y espartano que eliminara todo lo espurio, haciendo limpieza drástica de lo marginal y reduciendo la vida a su mínima expresión.»[83] Vigilante y tranquilo, observador incisivo de la naturaleza, estudioso concienzudo de su entorno, ojo avizor en el presente, ocurrían cosas. Soñaba despierto, imaginaba palabras, la cabeza se adueñaba de sus pensamientos, la vida le iba dictando lecciones impagables.

Thomas Buergenthal es otra persona cuya singular peripecia vital contiene intuiciones muy queridas. Víctima inocente de la locura del Holocausto nazi, una infancia cruel y extrema

---

83. Ibídem.

podía haberle amargado la existencia. Arrancado de cuajo de los brazos de su madre, la privación de su libertad no fue el test más difícil. Es aleccionadora y edificante su autobiografía, *Un niño afortunado*. «También supe, sin embargo, que no debía permitir que mi pasado tuviese un efecto destructivo sobre la nueva vida que estaba a punto de comenzar. Mi pasado inspiraría mi futuro y lo dotaría de significado.»[84] Buergenthal bien podía haberse quedado psicológicamente en un pasado torturante. Motivos tenía para sentirse resentido, para encontrar en él un fardo inmenso y pesado de excusas. Otras personas lo miran con nostalgia y añoranza, deteniéndose en los instantes más dulces y sorteando los más amargos. Unos y otros, nostálgicos o rencorosos, conducen prestando demasiada atención al espejo retrovisor. Buergenthal no. Lo conoce muy bien, lo asume íntegramente, lo firma con su puño y letra, actitud realista que le permite proseguir el camino. Palanca de lanzamiento, sería fuente de inspiración para ir a su cita con un futuro que cobra ya un significado diferente. No busca saber a ciencia cierta lo que será de él. Sabe que no es esa su naturaleza e identidad.

Los que aspiran a esquivar la incertidumbre consustancial a la aventura de vivir tienen garantizada una dosis generosa de angustia. En el intento por controlar un futuro que no se deja conocer se acurruca la ansiedad de los más reticentes al cambio, al movimiento natural de una vida en per-

---

84. Buergenthal, Thomas. *Un niño afortunado*. Barcelona: Plataforma Editorial, 2008.

manente proceso de transformación. A Buergenthal, como a Thoreau, como a Keller, les basta con el presente. En él encuentran sentido a una vida que discurre circularmente entre pasado, presente y futuro.

Vivir en el presente significa dirigir la mirada al proceso de lo que estemos haciendo, no al resultado. Centrarnos en la acción, sopesar sus consecuencias, sin pretender conocerlas a ciencia cierta. Significa detenerse en el tiempo y jugar este juego, este punto del partido de tenis a conciencia, sin reparar en el marcador. De hecho, en el presente, en este preciso instante, en esta jugada, siempre estamos empatados con nuestro oponente. Solo en el pasado vamos ganando o perdiendo. Significa sostener una entrevista de selección con naturalidad y confianza, sin pensar si nos ficharán o no. Significa dictar una conferencia honesta y preparada sin reparar en el aplauso o crítica posterior. Significa escuchar los mensajes más ocultos de una conversación que fluye espontánea, sin mirar de reojo el reloj. Significa abrazar las lágrimas que brotan mientras se sostiene la foto de la persona amada, perdida, ella ilumina un pasado juntos. Significa intuir un camino profesional, personal, familiar, que nos conmina a ponernos en marcha, sin saber seguro lo que nos espera a la vuelta del recodo.

En clave personal e inmediata, significa bregar con esta página en blanco, fundir mi pluma con mis pensamientos e ideas, dejarla volar ligera e independiente, sin analizar el resultado final, el libro que tengo en mente, sin hacer el trabajo de mi editor, sin pensar en los lectores, menuda vanidad y desorden. Lo más honrado y serio que puede hacer un escritor por su hipotético lector, la forma más convincente de mostrarle su respeto, es olvidarse de él. Si busca su bendición y aplauso, pierde su mayor activo, su autenticidad y libertad. Adaptado al lector se prostituye y difumina. Escribir es un acto que se realiza en soledad, uno y el papel, y que acaba en sorprendente y agradecida compañía. Las evaluaciones de nuestra vida –de lectores anónimos, de alumnos, de clientes, de conocidos, de la opinión pública, incluso de familiares y amigos– viven detrás de nuestras acciones, ese es su sitio natural, no antes, bloqueando y adulterando nuestras mejores iniciativas, limando una ignorancia ingenua que nos impulsa a intentarlo.

Curiosamente, el regalo que el presente nos tiene preparado en cartera, si lo tratamos bien, si no lo descuidamos desatentos, es una capacidad diferencial para viajar mentalmente por las dos eternidades de las que habla Thoreau, reinterpretando y releyendo ambas. Rabindranath Tagore, en un libro entrañable, personal, muy familiar, *Mis recuerdos*, invita a sus lectores a dedicar un tiempo a un pasado que explica muchos de nuestros comportamientos y reacciones. «A medida que el flujo de acontecimientos va conformando el exterior de nuestra vida, en nuestro interior se van plasmando una serie de imágenes. Las dos partes guardan una estrecha relación, pero no son idénticas.»[85] Los hechos de

---

85. Tagore, Rabindranath. *Mis recuerdos*. La Coruña: Ediciones del Viento, 2008.

nuestra vida y las ideas que suscitan, los sucesos y los pensamientos que despiertan, los acontecimientos y los sentimientos que afloran. La realidad y nuestra percepción de ella, nuestra interpretación personal. Sin darnos cuenta se abren brechas sensibles donde se cuelan los juicios y las valoraciones subjetivas. ¿Qué pesa más en la balanza? ¿Cómo proseguir si la realidad ocupa un lugar secundario, si nos peleamos con ella atrincherados en defensa de ideas desbordadas? Desde su serenidad y equilibrio personal, Tagore anima a mirar. «No nos tomamos el tiempo para observar con atención ese lienzo interior. De vez en cuando vislumbramos un fragmento, pero la mayor parte permanece oscuro, oculto a nuestros ojos.»[86]

Sigamos el consejo del gran escritor indio. Hagamos una pausa y echemos un vistazo a ese lienzo interior. Recorriendo escenas de nuestra biografía personal, ¿qué recuerdos tengo de la infancia? ¿Amigos del colegio, asignaturas preferidas? ¿Profesores ogro, autoritarios, insulsos? ¿Maestros cercanos, apasionados, vocacionales, firmes? ¿Papel del deporte? ¿Facilidad, torpeza? ¿Confianza, inseguridad? ¿Otras actividades? ¿Ambiente familiar? ¿Hermanos, hermanas, jerarquía física y afectiva? ¿Qué tengo de mi padre, cualidades, defectos, donde me veo retratado? ¿Y de mi madre? ¿Relaciones determinantes? ¿Influencias decisivas, para bien o para mal? ¿Claves de mi juventud? ¿Años universitarios? ¿Estudios, elección propia, ajena? ¿Opción vocacional, práctica? ¿Amistades

---

86. Ibídem.

principales? ¿Influencia ejercida? ¿Primeros pinitos laborales? ¿Dudas, aprendizajes? ¿Trazo general de la carrera profesional? ¿Incentivos del trabajo, estrictamente económicos, intelectuales, sociales, lúdicos, emocionales? ¿Propósito último, sentido que lo inspira? ¿Decisiones críticas? ¿Encrucijadas del camino, puntos de inflexión? ¿Acontecimientos más relevantes? ¿Experiencias más transformadoras? ¿Pruebas más duras y desequilibrantes? ¿Viajes catárticos? ¿Aciertos, logros, éxitos conquistados? ¿Tropiezos, equivocaciones? ¿Irreversibilidad de estos? ¿Enseñanzas incorporadas? ¿Balance general de daños y accidentes? ¿Cicatrización de las heridas? ¿Todavía abiertas, feas, cerradas, curadas, limpias? ¿Filtro mental de los errores cometidos? ¿Baches del camino, fuente de aprendizaje, recordatorios de nuestra falibilidad o juicio condenatorio, reproches personales, sensación de fracaso? ¿Cimas alcanzadas? ¿Simas sufridas?

A la hora del resumen, ¿tono general de la película de mi vida? ¿Papel de la suerte? ¿Afortunado? ¿Desdichado? ¿Argumento central? ¿Drama, comedia? ¿Qué sentimientos me provoca? ¿Conversación interior que despierta? En general, ¿se puede colegir que estoy básicamente en paz con mi pasado, que lo conozco, acepto y firmo íntegramente o subliminalmente me peleo con él, todavía rechazo pasajes, experiencias, sucesos o traspiés que me impiden superarlos y pasar página? ¿Ángulos ciegos? ¿Zonas ocultas, reprimidas? ¿Grado de conciencia? ¿Estado de alerta? ¿Sentido de la propiedad? ¿Vivencia de mi responsabilidad? ¿Ejercicio de mi libertad? ¿Me pesa, hipotecando mi energía? ¿Recriminaciones soterradas? ¿Me sirve de base para levantar el vuelo? ¿Suelo fértil de valores eternos? ¿Raíces profundas, cimientos sólidos? ¿Sentimiento de gratitud y plenitud? ¿Sensación de fracaso, de derrumbe, esto no es?

Quieto en el presente, habiendo regresado voluntariamente de un pasado que suscribo, vámonos al futuro. Viajando mentalmente a las estaciones finales de mi tiempo en la tierra, ¿qué no me perdonaría no haber intentado? ¿Qué lamentaría no haber probado? ¿Ambiciones profesionales? ¿Realismo de estas? ¿Saltos al vacío? ¿Visión general de mi carrera? ¿Motivos subordinantes? ¿Plan estratégico? ¿Cómo llegar allí? ¿Sentido de la táctica? ¿Plazos contemplados? ¿Recursos que movilizar? ¿Pasos a dar? ¿Criterios de evaluación? ¿Papel del dinero? ¿Independencia económica?

¿Capítulo familiar? ¿Tiempo que recuperar? ¿Relaciones que mimar, conversaciones que sostener? ¿Perdones que pedir? ¿Abrazos que dar? ¿Gratitudes que expresar? ¿Apartado social? ¿Frentes desatendidos? ¿Relaciones descuidadas? A título personal, ¿aspiraciones más profundas? ¿Sueños más inspiradores y explicativos de quién realmente quiero llegar a ser? ¿Son expresión madura de mi ser? «Si uno avanza con confianza en la dirección de sus sueños, y se esfuerza por vivir la vida que se ha imaginado, se encontrará con un éxito inesperado», pronostica esperanzado y optimista Thoreau.[87] Requisito imprescindible para que se hagan realidad, que sean nuestros, originales, nuevos, reales, no los del vecino de

---

87. Thoreau, Henry David. *Op. cit.*

al lado, tampoco los de nuestros seres queridos. No estamos aquí para colmar expectativas ajenas.

Sintetizando, haciendo inventario de nuestras hazañas y proezas, de nuestras erratas y desaciertos, ¿qué dice de cada uno de nosotros nuestra excursión futurista? ¿Color predominante? ¿Irradia ganas, ilusión, confianza, determinación? ¿Aprensión, temor, angustia, amenaza? ¿Fantasma que alimenta nuestros miedos, devora nuestra salud y se come el presente?

Alguien que comulga muy bien con la filosofía y el espíritu de Thoreau, tienen muchas cosas en común, es Carlos López Otín. Ya lo puse en contacto con él en el capítulo dos. Paseando un día juntos por la playa de Salinas, en su querida Asturias, me trasladaba su empatía y sentimiento de gratitud hacia sus alumnos. «No he tenido ningún discípulo que no hubiera merecido estar en el laboratorio. De todos he aprendido y todos me han regalado lo más importante que tiene el ser humano: su tiempo.»[88] Obviedad que tendemos a minusvalorar. El tiempo nos nivela a todos, como la muerte. Igual de valioso es el minuto de un agricultor, de una recepcionista, de un taxista, de un profesor de instituto, por poner a guisa de ejemplo oficios bien dignos, que el de un importante político, presidente de empresa o celebridad en la cumbre de su carrera. Democrático e igualitario, su

---

88. Álvarez de Mon, Santiago, y Flores Alonso, Juan Enrique. *Caso de Investigación del IESE, DPO-393, Carlos López Otín: el espíritu de un investigador*, junio de 2016.

buena gestión nos interpela y exige a todos. Como ven, López Otín participa de la inquietud que anida en el fondo de este libro. «Veo una sociedad muy ocupada pero desatenta al entorno. La banalidad actual también acecha a la investigación científica, y con los medios de comunicación actuales el riesgo es todavía mayor. Por eso nuestro modelo necesita escoger los discípulos con matemática precisión.»[89] Descuido y negligencia en la administración del tiempo fomentan la frivolidad y la vulgaridad no solo de nuestro trabajo, sino de nuestra conducta en general.

Compartido el diagnóstico y preocupación por una sociedad disipada y desconcertante, López Otín viaja con facilidad tanto hacia el pasado, que le explica, acoge e instruye, como hacia un futuro que lo interroga e inspira. «Lo que me retuvo en Asturias fueron muchas cosas, todas personales. Estoy feliz con mi decisión. Desde el punto de vista de un economista racional, quedarme aquí no es lo más eficiente. Pero hay una serie de valores adicionales que constituyen la vida de cada uno. Tenemos un tiempo limitado y debemos encontrar nuestro lugar en el mundo [...]. La opción elegida es lo que me ha ocupado al cien por cien, sin un atisbo de arrepentimiento o de pensar "qué hubiera sido si...".» Se sopesan pros y contras, se tantean diversos criterios —económicos, profesionales, recursos disponibles, medios puestos a su alcance, familiares, sociales, personales, calidad de vida, etcétera—, y entonces se decide en consecuencia. Tan impor-

---

89. Ibídem.

Mi agenda y yo

tante es la calidad y originalidad de la decisión tomada, en el caso de López Otín, quedarse en Asturias, plaza científica de segunda fila, como la consistencia y disciplina para vivirla hasta sus últimos efectos y secuelas. De lo contrario, los «qué hubiera pasado si...» empiezan a hacer un implacable trabajo de demolición, sacándonos mentalmente del camino elegido.

López Otín asume la opción elegida, comprende su coste de oportunidad y, en paz con el balance vital de un pasado escrito de su puño y letra, se proyecta hacia el futuro.

> «El largo plazo aparece en mi universo porque estoy cosido al presente. No tengo ningún sentido de trascendencia, la única relevancia que busco es la del conocimiento, me lleve donde me lleve. Procuro visualizar el futuro, no para mí, sino para los que vengan a continuación. Dudo que pueda ver culminadas algunas de las nuevas ideas y estrategias que estamos diseñando. Serán otros los que ocupen esta silla.»[90]

Sembrar hoy con humildad, generosidad y paciencia para que otros puedan cosechar mañana. Grandeza de un presente que se valida y prestigia en un futuro que se le escapa. Extrañamente, felizmente, cuanto más se apretuja y paladea un presente vivido a conciencia, más importancia y significado cobran el pasado y el futuro.

90. Ibídem

Un pequeño entre gigantes

Al presente hay que volver una y otra vez, solo él, pequeño pero ágil y despierto, es capaz de gestionar a esos dos gigantes que lo torturan sin parar. Solo él guarda la posibilidad de enfrentarnos a nuestros dilemas y desafíos. Solo en él encontramos un remanso para entregarnos a lo que tenemos y queremos hacer. «A cada instante tengo un dilema que resolver: o estoy aquí, donde de hecho estoy, o me voy a otra parte. Siempre estoy deseando quedarme conmigo mismo o partir y alejarme de mí.»[91] El dilema de D'Ors es el suyo y el mío. La observación atenta del proceder de muchas personas, el seguimiento puntual del ir y venir de nuestra mente confirma con qué facilidad nos vamos a otra parte, nos ausentamos de donde estamos, sin que los demás ni nosotros nos demos cuenta. La meditación nos echa un cable. «Gracias a la meditación se aprende a no querer ir a ningún lugar distinto a aquel en que se está [...]. Para explorarlo, para ver lo que da de sí.»[92]

En línea con Pablo d'Ors, explorador experto del alma humana, alguien muy ducho en las tareas de gobierno, avezado en muchas lides y batallas, instruido en el arte de vivir, el emperador Marco Aurelio, aconseja recuperar un presente imprudentemente menospreciado. «Actúa, habla y piensa como si fueras a abandonar la vida en cualquier momento. No te demores, cada instante nos acerca a la muerte y nuestra inteligencia tiene una vida aún más corta. Recuerda que

---

91. D'Ors, Pablo. *Op. cit.*
92. Ibídem.

solo se vive en el presente, este instante fugaz, anguila ágil y resbaladiza. Lo demás, o se ha vivido, o es incierto.»[93]

Por tanto, diligencia para saborear un presente que corriendo será pasado y que aún no es futuro. Una persona con un alto grado de concentración, atenta al presente, en lugar de masticar a toda prisa las horas concedidas, de engullir los minutos regalados, con peligro real de indigestión, degusta plácidamente el tiempo disponible, se toma la vida con calma, convocando a esos efectos a sus cinco sentidos en armonía perfecta. Entonces es factible alcanzar interesantes equilibrios duales. La intensidad de una vida se acompaña de serenidad. La energía luce más desde la tranquilidad. «Cualquier viento es malo para el que no sabe adónde va», advierte Séneca.[94] Curiosidad y paciencia caminan hermanadas. Saber y dudar se interpelan mutuamente. Preguntar y escuchar, las dos caras de un diálogo nuevo. Silencio y palabra se retroalimentan. Soledad y compañía se hacen fuertes. Pensar y sentir son verbos casi sinónimos. Observar y actuar, dos fases de la misma serie. Hacer y esperar, dos momentos secuenciales. Trabajar y descansar, dos derechos sagrados. Y respirar, el verbo que los contiene a todos. El que protege y acaba rompiendo la pareja más escurridiza y misteriosa: vivir y morir. *Carpe diem.*

---

93. Marco Aurelio. *Meditaciones.* Madrid: Alianza, 1996.
94. Séneca. *Cartas a Lucilio,* carta LXXI. Barcelona: Juventud, 1982.

Epílogo

«Este
presente
[…]
está viviente,
vivo,
nada tiene
de ayer irremediable,
de pasado perdido,
es nuestra
criatura,
está creciendo
en este
momento, está llevando
arena, está comiendo
en nuestras manos,
cógelo,
que no resbale,
que no se pierda en sueños

Mi agenda y yo

ni palabras,
agárralo,
sujétalo
y ordénalo
hasta que te obedezca,
hazlo camino,
campana,
máquina,
beso, libro,
caricia,
corta su deliciosa
fragancia de madera
y de ella
hazte una silla,
trenza
su respaldo,
pruébala,
¡o bien
escalera!»

PABLO NERUDA

Quién soy es la pregunta con la que arranqué este libro. Vasta, compleja, directa, personal, incisiva, comprometedora, misteriosa, su propia naturaleza la condena de manera irremisible a permanecer parcialmente incontestada. Incluso en situaciones límite, donde los bordes de nuestra identidad se estiran, la respuesta nos deja insatisfechos. Paul Kalanithi, original de Kingman, Arizona, licenciado por Stanford en

Epílogo

Literatura Inglesa y Biología, máster en Historia y Filosofía de la Ciencia y Medicina por Cambridge, graduado *cum laude* por la Escuela de Medicina de Yale, neurocirujano, subraya la especificidad diferencial de esta especialidad: «Mientras que los demás doctores tratan enfermedades, los neurocirujanos trabajamos en el crisol de la identidad personal: toda operación en el cerebro es, por necesidad, una manipulación de la sustancia de nosotros mismos, y cualquier conversación con un paciente sometido a este tipo de cirugía no puede evitar afrontar este hecho».[95] Acostumbrado a vivir en la frontera de vidas probadas en la enfermedad, el enigma de la identidad última de sus pacientes, del ser humano, de él mismo, le resulta familiar y esquivo a la vez.

Espacio y tiempo son los dos carriles por los que discurre nuestra existencia, las dos realidades que enmarcan nuestro itinerario vital. El don de la ubicuidad nos es ajeno, hasta para las personas más activas y energéticas. Gracias a los medios puestos a nuestro alcance devoramos kilómetros con facilidad inédita, desayunando en un hemisferio del planeta y cenando en el otro extremo. No siempre nuestra mente se conecta a la tierra que pisa, al paisaje que sobrevolamos, saltarina e inquieta como acostumbra a pronunciarse. También el tiempo se nos escapa, pese a que funcionamos, pensamos y sentimos en términos de segundos, minutos, horas, días, semanas... Entre un pasado que nos pesa y un futuro que

---

95. Kalanithi, Paul. *When Breath Becomes Air.* Nueva York: Random House, 2016.

nos inquieta, no es fácil quedarse quieto en el aquí y en el ahora.

Las palabras de un médico como Kalanithi, habituado a lidiar con miuras implacables, a sostener con sus pacientes y familiares encuentros transformadores, dan que pensar sobre el ritmo y el sentido de lo que esta sociedad entiende por una carrera profesional exitosa. «La ciencia, había llegado a aprender, es una carrera tan política, competitiva y feroz como cualquier otra que puedas imaginarte, llena de tentaciones para encontrar los caminos más fáciles.»[96] Impacientes y urgidos a ofrecer resultados tangibles, necesitados de mostrar la utilidad y la rentabilidad de nuestros esfuerzos, las presiones externas y las prisas internas empujan a tomar atajos que nos desvían del alma y la esencia de una vida buena. Vivir debe ser algo más que una carrera darwinista en la que solo sobreviven las especies más fuertes y espabiladas. Debe ser algo más que ir trepando a codazos por la pirámide organizacional, recibiendo o dando empujones y zancadillas a diestro y siniestro, ocupando un espacio que a veces nos viene grande. Lo que le ocurre al otro, a los demás, debe entrar dentro de mi álgebra personal, si no me estoy traicionando a mí mismo.

Alertado sobre atajos que acaban en callejones sin salida, no sorprende que el doctor Paul Kalanithi reivindique una concepción humanista de la medicina. «Entre tragedias y fracasos temía que estaba perdiendo de vista la importancia singular de las relaciones humanas, no aquella entre el

---

96. Ibídem.

Epílogo

paciente y sus familiares, sino entre doctor y paciente.»[97] En ese terreno inexplorado entre uno y otro, en ese tiempo escurridizo y caro entre el profesional y el enfermo, se acurruca la primigenia razón de ser de una profesión maravillosa. Y solo si se entiende y profundiza en una relación única, inclasificable, se puede estudiar la conexión entre salud, pensamientos, afectos, emociones, valores, entorno familiar y las ansias y las posibilidades de vivir. Literalmente imposible escudriñar en regiones ignotas de la persona, allí donde no llegan el escáner ni las máquinas más sofisticadas, si no marchamos más tranquilos, si no se tiene tiempo para escuchar los miedos, razones, las aprensiones y las esperanzas del paciente de turno.

Cirujano brillante, doctor distinguido, es fácil imaginar el ritmo de trabajo de alguien como Kalanithi. Como enfermos ocasionales, como acompañantes de familiares y amigos, sabemos del intenso y variado trajín de médicos como él. Un día su estilo y jornada habitual de trabajo se vieron alterados por un acontecimiento dramático. Un colega del hospital, gran amigo, un profesional al que admiraba profundamente por su visión de la práctica médica, se había suicidado tirándose al vacío desde un balcón. Enseguida intentó recordar sin fruto la última conversación entre los dos. Pensó en encuentros cada vez más espaciados, estaban ambos tan ocupados que habían perdido el contacto. ¿Por qué?, se preguntaba perplejo y desolado. ¿Qué lleva a una persona como Jeff, su compañero, a quitarse la vida? Creía conocerlo bien, pero era

---

97. Ibídem.

evidente que algo se escapó a su observación, quedó fuera de su radar. ¿Cuál es el sentido de la vida? Sacudido por la pérdida inexplicable de su amigo, aparentemente la muerte de un paciente lo había afectado mucho, todo tenía un alcance distinto. Unos eventos, preocupaciones o hechos perdían fuelle, peso, valor, se disolvían en su intrínseca nimiedad, y otras coyunturas, relaciones o situaciones se hacían más presentes y relevantes.

Meses después de este trágico acontecimiento, esta fase personal de indagación y descubrimiento de su ser más profundo entró en un capítulo radical y definitivo. Con 36 años, en un momento dulce de su vida, le diagnosticaron un cáncer de pulmón en estado muy avanzado. Su experiencia y aprendizaje lo ha contado en un relato fascinante, *When Breath Becomes Air*. «Mi futuro, meticulosamente planificado, ganado a base de esfuerzo, dejó de existir. La muerte, tan familiar en mi trabajo, ahora me cursaba una visita personal. Aquí estamos, finalmente cara a cara y, sin embargo, nada sobre ella me parecía reconocible [...]. Solo veía un desierto blanco, reluciente, vacío y áspero, como si una tormenta de arena hubiera destruido todo resto de familiaridad.»[98] De la muerte como una de las dos caras del ser humano, como la estación final y lejana de su viaje, como fatal desenlace de algunos de sus pacientes, Paul Kalanithi se veía arrastrado a pensar y oler la suya propia, tan imprevista, traidora, prematura, inoportuna, amenazante. De la idea en abstracto, de

---

98. Ibídem.

Epílogo

la empatía sentida hacia sus enfermos y familiares, se pasaba en cuestión de horas a hablar y temer algo muy cercano, íntimo e inefable.

De repente, asomado involuntariamente, sorpresivamente, al balcón de la eternidad, de la nada —en cualquier caso, tiempo y espacio laminados–, pensó sobre el tiempo, ahora más valioso que nunca. «Para mí el tiempo tiene ahora un doble filo. Cada día me aleja más del punto más bajo de mi última crisis, pero me acerca más a la siguiente recaída y, al final, a la muerte. Quizá más tarde de lo que pienso, pero ciertamente antes de lo que deseo.»[99] Intentando recuperarse del sopapo recibido, comparte con el lector una paradoja comprensible. «Lo más obvio es tener el impulso de una actividad frenética, de exprimir la vida al máximo, viajar, cenar, llevar a cabo un programa de ambiciones rechazadas. Parte de la crueldad del cáncer es que no solamente limita tu tiempo, también tu energía, reduciendo en gran medida la cantidad que puedes exprimir en un día.»[100] Ironía del destino, broma de mal gusto, absurdo frecuente en la vida de tantas personas, dos fuerzas contrapuestas chocan entre sí. Jubilados con tiempo para disfrutar constatan que el cuerpo no puede seguir el paso que quisieran. Jóvenes y adultos en plena forma echan de menos más tiempo para los placeres del alma y del cuerpo. Parece que inconscientemente elegimos la insatisfacción como estado habitual, irremediable-

99. Ibídem.
100. Ibídem.

Mi agenda y yo

mente peleados con nuestra realidad. El doctor Kalanithi se encuentra apresado en esa contradicción. Un tiempo cada vez más escaso le precipita a saborearlo al máximo, a comprimirlo en compañía de su mujer y seres queridos, pero su organismo no responde, carece de la energía necesaria para hacer un montón de cosas desatendidas anteriormente en la sucesión de días corrientes.

La conclusión a la que llega es «que no es muy útil pasar mucho tiempo pensando en el futuro, es decir, más allá del almuerzo».[101] Los plazos se acortan, el horizonte se difumina, solo queda un presente dolorido. «El futuro, en lugar de una escalera para alcanzar los objetivos de la vida, se convierte en un presente perpetuo. El dinero, el estatus, todas las vanidades descritas por el predicador del Eclesiastés tienen tan poco interés y, de hecho, son como perseguir al viento.»[102]

Un tiempo escaso y precioso muestra cruda y tardíamente la banalidad y la sinrazón de muchos de nuestros objetivos y apetencias. Distraídos entre vanidades —dinero, estatus, poder, fama, notoriedad, prestigio, visibilidad, gloria, celebridad, etcétera—, descuidados entre polémicas estériles, entre cuestiones menores, se nos escabulle el meollo de la aventura humana de vivir. Por eso los pensadores más intemporales y universales de nuestra historia animan a meditar sobre la muerte, acompañante permanente, silenciosa y leal de su otra cara, la vida. Aprender a morir para aprender a vi-

101. Ibídem.
102. Ibídem.

Epílogo

vir, con el tiempo como testigo y baremo de una asignatura que nos gradúa en sabiduría.

Paul Kalanithi murió el 9 de marzo de 2015, nos cuenta su mujer Lucy en un epílogo sereno y emocionante. Sus últimas palabras fueron dedicadas a su hija Cady, tenía ocho meses cuando su padre falleció. «Cuando te enfrentes a uno de los muchos momentos en la vida en el que debas explicar quién eres, proporcionar una relación de lo que has sido, lo que has hecho y lo que has significado para el mundo, te recuerdo que no olvides que llenaste los días de un hombre moribundo con una alegría inconmensurable, una alegría que me era desconocida en todos mis años anteriores, una alegría que no ansía cada vez más, sino que descansa, satisfecha. En este momento, precisamente ahora, esto es un hecho enorme.»[103]

Descanso, serenidad, paz, esperan pacientes al final del túnel. Lo que no pueden conseguir personas muy inteligentes y preparadas, lo alcanza una enana de meses. Donde no llega el sentido común y la experiencia de adultos ajetreados, lo logra una cría tierna e inocente que se fija en la mirada de un padre y respira feliz y confiada en sus brazos. Tan cerca y tan lejos. Tan sencillo y difícil. Lo que hoy me turba y me crea tanto desasosiego, ¿qué importancia tendrá en las últimas rampas? Lo que hoy persigo denodadamente, ¿qué peso dejará sentir en las pendientes postreras? O moviéndonos hacia atrás, ¿por qué dejarnos hipotecar por sucesos o

---

103. Ibídem.

Mi agenda y yo

decisiones del pasado a las que ya no puedo acceder? ¿Por qué evaluar mis decisiones de entonces con los datos y los conocimientos de hoy? En el presente me reconcilio con un pasado irreversible e imagino un futuro que cuando llegue me pillará en orden de revista. El tiempo como testigo de una vida atenta y catada segundo a segundo. Rebobinando la cinta esta tiene una razón de ser, se entiende y paladea su argumento, porque fuimos capaces de vivir interesados cada instante del trayecto. No habría que esperar hasta llegar allí, un mañana impredecible, para relativizar lo que ocurre hoy. Traer el futuro aquí y sellar la paz con el pasado, deberes para el presente.

Del razonable y ecuánime equilibrio de una agenda horaria que respeta la jerarquía de lo que de verdad importa –la familia, el amor, la amistad, la cultura, un trabajo digno, los más desfavorecidos, etcétera –, a la disciplina de una agenda mental que le basta y le sobra con la magia de este momento. En contacto con lo que ahora nos ocupa, es la mejor forma de prepararse para un futuro que llegará. La calidad del día de hoy invita a ser optimista sobre el mañana. Y cuando la muerte curse su visita, no hay ninguna prisa, podremos aguantar la mirada a un espejo honesto, objetivo, agudo, insondable, el tiempo que contiene y silencia las verdades más personales de nuestra travesía vital.

Su opinión es importante.
En futuras ediciones, estaremos encantados
de recoger sus comentarios sobre este libro.

Por favor, háganoslos llegar a través de nuestra web:

www.plataformaeditorial.com

Para adquirir nuestros títulos, consulte con su librero habitual.

«*I cannot live without books.*»
«No puedo vivir sin libros.»
THOMAS JEFFERSON

Plataforma Editorial planta un árbol
por cada título publicado.

Un libro que te mostrará que reinventarse
no quiere decir convertirse en alguien distinto a quien se es,
sino sacar a flote nuestro verdadero SER.